KB246636

선택이론으로 본 성공 리더십

동기부여를 위한 효과적인 의사소통 기술

생활심리 이야기 · 7

동기부여를 위한 효과적인 의사소통 기술

로버트 우볼딩 지음 | 신난자 옮김

선택이론으로 본 성공 리더십
EMPLOYEE MOTIVATION

도서출판 사람과사람

이 책을 읽는 분들에게

이 책을 통해, 당신은 진정으로 사람들을 동기화시키는 방법이 무엇인지를 알게 될 것이다. 특히 당신이 회사의 경영자이거나 관리자, 또는 한 조직의 리더라면 구성원들이 스스로 직장이나 조직에 대해 애정과 긍지, 열정을 갖게 하고 일에 대한 성취감과 만족감을 갖도록 자발적인 동기유발을 가져올 수 있는 방법이 무엇인지를 발견하게 될 것이다. 또한 그들이 자기 자신을 변화시킬 수 있는 아주 효율적인 '지금-여기(현장)'라는 엔진을 갖고 있다는 사실도 깨닫도록 도와줄 수 있다. 리더가 할 일은 거울을 들고 구성원 앞에 서서 그들이 자기 자신을 관찰할 수 있도록 돕는 일이기 때문이다.

이 책에서 제시하고 있는 WDEP체계는 윌리엄 글라써*William Glasser* 박사가 창안한 '현실요법'이라는 상담체계에 기초를 두고 있다. 글라써 박사는 사람은 누구나 자신이 자기 삶의 주인이 되어 자신의 삶을 선택할 수 있을 때 가장 행복을 느낀다고 했다. 자신의 삶에서 중요한 선택을 스스로 할 수 있고, 선택한 것에 대해 책임질 수 있는 사람이 행복한 사람이라는 것이다. 그는 누구든지 현실요법을 이해함으로써 의식 있고 책임지는 사람이 될 수 있으며 자기 운명의 주인이 되고 자기 삶을 바꿀 수 있는 힘을 갖게 된다고 강조했다. 따라서 현실요법은 경영자나 관리자, 또는 리더가 구성원들에게 동기를 부여하고자 할 때 대단히 유용하다. 실제로 나는 상담치료뿐만 아니라 직장의 근로자들을 지도하는

데에도 이 현실요법을 응용하여 큰 효과를 거둔 경험이 있다.

WDEP체계는 누구든지 배우면 곧바로 사용할 수 있다. 또 대단히 현실적이고 결과 중심적이다. 그러면서 인간적이며 누구와도 손쉽게 공감대를 형성할 수 있다. WDEP체계란 다음과 같은 4단계의 진행 절차로 구성되어 있다.

W란 '당신은 무엇을 원합니까?*What do you Want*'라는 질문으로, 상대방이 자기의 욕구와 바람, 지각을 스스로 탐색하는 과정이다. 상대방이 직장과 일에서, 또 자기 자신에게 무엇을 원하는지, 다른 사람들이 자신에게 원하는 것이 무엇이라고 생각하는지, 현재의 상황을 어떤 시각으로 바라보는지, 그리고 현재의 상황을 어떻게 개선할 수 있는지를 알아본다.

D는 '당신은 무엇을 하고 있습니까?*What are you Doing*'라는 질문으로, 상대방으로 하여금 스스로 자신의 전행동과 행동방향을 탐색하도록 하는 과정이다. 이를 위해서는 상대방으로 하여금 자신의 행동을 직시하고 지금 무엇을 하고 있는지를 정확하게 묘사하도록 요청해야 한다. 이 과정은 상대방이 지금 어디로 가고 있는가를 스스로 탐색하도록 도와준다.

E는 '당신이 무엇을 하고 있는지를 평가하시오*Evaluate what you are doing*'라는 질문으로, 상대방으로 하여금 자신의 바람, 행동, 수행능력을 스스로 평가하도록 하는 과정이다. 지금의 행동이 자기 자신에게, 그리고 자신이 진정으로 원하는 것을 얻는데 도움이

된다고 생각하는지, 또 자신이 원하는 것이 현실적이거나 실현가능한 것인지, 그리고 그런 식으로 보는 것이 자신에게 도움이 된다고 여기는지를 질문함으로써 스스로 문제를 해결하고 보다 나은 선택을 할 수 있도록 도와준다.

P는 '계획하시오*Make a Plan*'라는 질문으로, 상대방이 원하는 것을 얻고 조직의 요구(임무)를 완수하기 위해 보다 더 실제적이고 구체적인 계획을 세우도록 도와주는 과정이다.

이 책에는 다음과 같은 내용이 적혀 있다.

첫째, 사람들에게 동기를 제공한다는 것은 어떤 의미가 있는가.

둘째, WDEP체계를 효율적으로 적용시키기 위한 환경을 만들기 위해 경영자나 관리자들이 지켜야 할 사항들(특히 해서는 안 될 금지사항)은 무엇인가.

셋째, WDEP체계의 구체적인 내용과 그것을 사용함으로써 얻을 수 있는 것들은 무엇인가.

넷째, 직장에서 자주 일어나는 상황에 어떻게 대처하는 것이 바람직한가.

이 책에 적힌 아이디어들은 반드시 직장에서만 적용될 수 있는 것은 아니다. 일반 가정에서도 얼마든지 적용할 수 있다. 당신이 자녀들에게 WDEP체계에 맞춰 질문을 해 보면 당신은 그 결과에 무척 놀랄 것이다. 그러나 필자가 이 책에서 중점을 둔 대상은 직장 근로자들이다.

이 책에 서술된 아이디어들은 데밍*W. Edward Deming*의 유명한 '연쇄반응이론*chain reaction*'을 지도활동의 현장에 적용한 것이다. 근로자들은 효과적으로 지도를 받을 때 질*Quality*을 향상시킬 수 있다. 그들 스스로 자기 행동을 평가할 때 품질 문제로 다시 일하는 수고나 작업능률이 떨어지는 경우가 줄어들 것이다. 또한 '노동하는 기쁨'을 누리면서 생산성을 향상시킬 것이다. 물론 생산비용이 낮아지고, 그에 따라 높은 이윤을 내기 때문에 많은 일자리가 창출된다. 한마디로 효과적인 지도활동이란 경영자, 관리자가 근로자들과 끈끈한 인간적 유대감을 형성하게끔 도와주는 역할을 말한다. 근로자는 진정한 동기 부여의 출발점이자 종착역이기 때문이다.

이 책은 심리학에 문외한인 사람들을 위해 의도적으로 간결하고도 단순하게, 그리고 한번 읽으면 누구나 쉽게 이해할 수 있도록 서술되어 있다. 그러나 이 책을 읽을 때 다음과 같은 순서를 따르는 게 훨씬 효과적일 것이다.

우선 책이 두껍지 않으므로 한두 시간 안에 충분히 읽을 것이다. 읽으면서 당신과 관련이 있다고 생각되는 장章과 사례들을 표시해 놓기를 바란다. 그런 다음에는 표시해 놓은 사례들을 다시 한 번 읽어보고 가장 중요하다고 생각되는 한 부분을 고르도록 한다. 이 책에는 당신이 읽은 즉시 실행할 수 있는 2개의 부분으로 되어 있는데, 당신이 가장 중요하다고 생각한 내용이나 사례를 직장 동료들에게 읽어보도록 권하고, 그 동료가 읽고 난 뒤에는 그 내용에 대해 함께 토론한다.

다음에는 당신이 읽고 토론한 원리를 이용해서 다른 동료에게 말을 건네 보라. 이때 유의할 점은 가급적 까다로운 사람을 선택하지 말아야 한다는 점이다. 처음에는 아주 편하게 여기는 상대를 고르는 것이 좋다. 어느 정도 익숙해졌다고 생각되면 평소 가깝게 지내지 않는 동료에게도 사용해 본다. 그리고 집에서도 자녀들에게 적용해 보라.

이 책에 인용된 사례들은 대부분의 직장에서 흔히 볼 수 있는 전형적인 사례들이다. 또 등장하는 사람들 역시 당신이 매일 만나는 사람들과 별로 다르지 않다. 당신의 직장 동료들과 똑같다고 할 수는 없지만 대체로 비슷할 것이다.

당신이 일하는 곳이 어떤 분야이든, 당신이 동료들을 조금만 도와주면 그들의 생산성은 크게 향상될 것이다. 물론 당신 혼자의 힘으로 완벽하게 좋은 직장을 만든다는 것은 불가능하다. 하지만 적어도 지금보다 나은 재미있고 즐겁게 일할 수 있는 직장을 만드는데 크게 기여했다는 자부심만은 가질 만하다. 예컨대, 당신의 노력으로 직장이 7~10퍼센트 정도 개선되었다고 하자. '겨우 7퍼센트야' '고작 10퍼센트라니' 라고 생각하지 마라. 그 비율이 얼마나 큰 것인가는 경리담당 직원과 이야기를 나누어 보면 얼른 알 수 있다.

참고로 이 책에 등장하는 이름에 대해 지나치게 구애받지 말기를 바란다. 나는 성性을 나타내는 단어는 가급적 피하려고 애썼다. 사례에 등장하는 이름은 남성일 수도 여성일 수도 있다. 이러한 서술은 공정성과 기회 균등을 보장해야 한다는 점에서, 그리고 WDEP체계가 모든 이들에게 적용될 수 있다는 것을 강조하려는 뜻에서 시도되었다는 점을 이해해 주기 바란다. 이러한 단어에는 우리를 갈라놓기보다 일치시키는 인간 본성에 관한 내용들이 더 많이 들어 있다고 믿는다. 우리는 모두 자신의 행동을 평가할 필요가 있다. 그리고 자신의 욕구와 바람을 충족시키기 위한 계획을 조직적으로 세울 필요가 있다.

옮긴이의 말

현대 정보화 사회는 사고방식과 태도의 전환을 요구한다. 우리는 오늘날 가정과 학교, 사회생활에서도 권위주의적 태도에서 벗어나 민주적인 삶의 방식을 체득할 것을 요구받고 있다.

우볼딩이 지은 이 책은 경영자나 관리자들이 근로사들과의 관계에서 어떻게 처신해야 하는가를 처방해 준다. 저자 자신이 밝히고 있듯이, 이 책의 아이디어는 현실요법을 발전시킨 윌리엄 글라써 박사에게 빚지고 있다.

이제 민주주의는 삶의 형식이다. 이것은 경영에도 마찬가지로 해당된다. 권위주의적 경영의 시대가 지나갔다는 것은 국내 노사관계에서도 감지할 수 있다. 이 책이 제시하는 바람직한 경영인의 상은 참여(민주)적 경영인이다. 이러한 경영인은 WDEP체계를 잘 활용하여 서비스와 생산품의 질을 향상시키는 동시에 근로자들의 욕구도 충족시키는 일석이조의 효과를 거둘 수 있다고 본다.

언제 어디서나 중요한 것은 '사람'이다. 근본적으로 남을 존경하고 배려하며 예우할 때 많은 어려운 문제들이 해결될 수 있다. 그러기 위해서는 모든 사람들이 '좋은 사람'이 되도록 힘써야 하고 늘 자신을 뒤돌아보아야 할 것이다. 이를 위해 WDEP체계가 도움이 될 것이다.

먼저 언제나 격려해주시고 후원해 주시는 한국심리상담연구소 김인자 소장님에게 충심으로 감사드린다. 옮긴이는 산업 및 조직 심리학을 전공하면서 자연스럽게 기업 경영과 관련된 문제에 관심을 가지고 있는 터에, 한국심리상담연구소 전 총무인 황미구 박사로부터 이 책을 권유받아 번역에 착수하게 되었다. 황 박사에게 감사드린다. 또 번역 교정을 도와준 친구 박정자님, 늘 성원을 아끼지 않은 남편에게도 고마움을 표하고 싶다. 끝으로 이 책의 출판을 위해 애쓰신 '도서출판 사람과 사람' 김성호 사장님에게 깊은 감사를 드린다.

옮긴이

목 차

사람의 마음을 움직이려면

성공과 실패를 좌우하는 것

동기부여가 확실한 사람이 일을 잘한다. 열심히 오랫동안, 그리고 질적인 면에서도 더 나은 성과를 가져온다. 그래서 경영자든 관리자든, 리더들은 누구나 구성원들에게 동기를 부여하려고 애쓴다. 하지만 그 노력이 실패했다고 생각되면 그들 중 일부는 곧바로 공포와 강제적인 분위기를 만들어 생산성을 높이려고 한다. 물론 이런 분위기에서는 직원들이 질을 높이려는 조직의 목적과 정반대로 질이 낮은 제품을 생산하거나 서비스를 제공할 가능성이 높다. 자발적인 동기부여가 되어 있지 않기 때문이다. 말하자면 직원이 일하는 가치와 동기는 외부의 강압이나 통제에 의해 부여되는 것이 아니라 그들 스스로 자기 내면으로부터 이끌어내는 것이라는 점을 이해하지 못한 결과인 것이다.

여기서는 먼저 사람들을 동기화시키는 요인들이 무엇인지를 살펴보고 내적 통제와 외적 통제의 차이점, 그리고 이 책의 토대를 이루는 선택이론에 대해 설명하기로 한다. 특히 사람들이 자신의 내적 동기를 부여하기 위해 '인간의 욕구'를 어떤 방식으로 타진하는가를 보기로 한다.

우선 당신 자신부터 경영과 관리에 대해 능률적인 입장에서 생각하는 사람이기를 바란다. 또 직원들로부터 미래를 내다볼 줄 아는 유능하고 인간미가 있는 인물, 덕을 갖춘 리더로 받아들여지는데 이 책이 보탬이 되었으면 좋겠다. 그리고 직원들에게 헌신적이고 자발적이며 책임감 있는 상사, 인간관계에서 갈등을 일으키지 않을 윗사람으로 받아들여지기를 바란다. 그러나 그러한 것들은 이 책을 읽었다고 해서 당장 이루어지는 것이 아니다.

앞서 이야기했듯이, 경영자나 관리자들이 빠지기 쉬운 일반적인 과오는 가치와 동기가 외부의 강압에 의해서가 아니라 자신의 내면으로부터 유발된다는 점을 이해하지 못하는 데 있다. 그런데 이러한 잘못된 생각들은 놀랍게도 우리 사회 곳곳에 깊이 뿌리박혀 있다. 예컨대, 점점 심각한 사회문제로 대두되고 있는 마약 문제에 대해 정치인들은 보다 엄격하고 강력한 처벌만이 이 문제를 해결할 수 있다고 주장한다. 교내 폭력과 약물중독 등 청소년 비행에 대해서도 학교재단 관계자나 운영자들 역시 학생들을 통제할 보다 효과적인 처벌 방법을 찾으려고 많은 시간을 허비하고 있다. 심지어 심리학자들조차 행동을 억제하거나 강화, 또는 보상심리를 강조한다. 경쟁이 치열한 기업에서도 상당수의 경영자, 관리자들은 직원들을 통제할 수 있다는 불합리한 이론에 마음을 빼앗기고 있는 실정이다.

이 책에서 제시하고 있는 아이디어들은 직원들이 보다 의욕적이고 능동적으로 일함으로써 질적으로 우수한 성과를 가져오도록 당신이 도와줄 수 있다는 믿음에 기초를 두고 있다. 그러나 이것은 직원들의 욕구가 일할 때나 경영자, 관리자들에게 수용될 때에만 가능하다. 그래서 이 책은 자신의 기량을 향상시키는 방법을 배워서 보다 유능한 리더가 되려는 경영자, 관리자들을 대상으로 했다.

자신의 행동을 지금보다 나은 방향으로 변화시키기로 마음먹었다면 당장 이 책을 읽으라고 권하고 싶다. 물론 당신도 한 권의 책이나 어느 한 사람이 당신에게 어떤 일을 하게 할 수 없다는 점은 잘 알 것이다. 그래도 당신이 이 책을 읽기로 마음먹었다면 당신은 유용하면서도 곧바로 현실에 적용시킬 수 있는 기술과 생각을 얻게 될 것이다.

혹시 당신이 과거에 냉담하고 반항적이며 우월감, 또는 권태와 분노에 가득 찬 직원들과 함께 일한 적이 있다면 그런 직원들과 어떻게 이야기를 나누는 것이 좋은가 하는 구체적인 기술을 이 책에서 터득하게 될 것이다.

만일 당신이 직원들에게 침묵으로 대응했거나 지나치게 방어적인 자세 또는 상대방을 비판하려는 충동에 따라 공격적인 말까지 내뱉은 적이 있다면 이 책에 적힌 아이디어를 실행함으로써 많은 이득을 볼 것이다.

다시 말하지만 이 책을 읽는 것만으로는 안 된다. 긍정적인 결과를 얻으려면 이 책의 아이디어를 직접 실행해 봐야 한다. 그래야만 당신은 지금보다 더욱 숙련된 경영자, 관리자가 될 수 있고 자신의 일에 대해 만족할 것이다. 어쩌면 한 주일의 업무가 시작되는 월요일 아침이 기다려질지 모른다. 당신의 자존심도 높여질 것이다. 물론 마음도 편안해질 것이고 직원들을 대하는데도 한결 여유가 있을 것이다. 이 책의 WDEP체계는 바로 당신을 위한 의사소통과 상담심리 기술이다.

사람을 동기화시키는 것

사람들은 누구나 일하는 과정에서 동기를 부여하는 내적 원천이 충족될 때, 데밍이 말한 '일하는 기쁨'을 느낀다. 이러한 삶의 근원적인 욕구야말로 모든 사람들이 행동하는 기초이다. 이 욕구는 어떤 개인이나 특수한 상황에서만 필요한 것이 아니다. 누구나 갖고 있는 것이며 학습되어지는 것이 아니라 태어날 때부터 갖고 있는 것이다. 즉, 삶에 있어 본래적인 요소인 것이다.

필자는 기업체에서 열리는 WDEP체계 교육세미나에 참석할 때마다 참가자들에게 "여러분들은 어떤 일을 제일 좋아합니까?"라고 질문한다. 그러면 참가자들은 자연스럽게 자신의 욕구를 화제로 삼는다. 곧 동기를 유발시키는 내적 원천을 자신들의 일상적인 근로행위와 연결시키는 것이다. 경영자나 관리자들 역시 자신과 다른 사람들을 동기화시키는 것이 무엇인지를 많이 알면 알수록 바람직한 분위기를 만들어 가고 WDEP체계를 사용하는 것이 모든 사람들의 인생을 유쾌하게 만든다는 것을 알고 있다. 물론 그것은 조직을 성공으로 이끄는데 도움이 된다.

다음에 적은 질문들은 WDEP체계에 관한 교육 프로그램에서 참가자들에게 던질 수 있는 것들이다. 특별한 체계 없이 무작위로 나열해 놓았음을 유의하라.

- 내가 함께 일하는 사람들은 누구일까? ________________
- 금요일 오후 5시 ________________
- 동료 직원들 ________________
- 하루하루가 다르다 ________________
- 문제 해결 ________________
- 직장에서 가장 친한 사람들 ________________
- 나는 결정할 수 있다 ________________
- 계약을 맺은 후 축하하기 ________________
- 독립적으로 일하기 ________________
- 다른 사람들은 나를 얼마나 신임할까? ________________
- 나는 내가 원하는 일을 얼마큼 할 수 있을까? ________________
- 봉급 ________________
- 충돌하기 ________________
- 계획을 완성하기 ________________
- 자유 ________________
- 나는 늘 배우고 있다 ________________
- 방해받지 않고 일할 수 있다 ________________
- 내가 실수하지 않았을 때 ________________

경영자나 관리자들이 직원들에게 동기를 부여하려면 어떻게 하는 것이 가장 바람직할까. 그 동안 우리는 노력이나 결과에 대해 충분한 보상을 주어 의욕을 갖게 하는 분위기를 조성하면 저절로 동기가 부여되어 일을 잘하고 조직의 활성화, 능률화에 기여할 수 있다는 진부한 방법에 의존해 왔다. 즉, 외적보상과 두려움에 근거한 동기부여 이론에 매달려 왔던 것이다.

그러나 그것만으로 한계가 있다는 것은 아마도 당신 자신부터 잘 알 것이다. 외적인 동기부여는 단기간에 효과를 거둘 수는 있지만 일정한 시간이 지나면 효용가치가 계속 떨어진다. 때문에 이제는 동기부여가 외부적 요인으로 유발되기보다 내부에서 자발적으로 유발되도록 해야 한다. 그래야만 인간의 성취 수준이 질적으로 높아진다.

외적 통제와 내적 동기화

이 책에서 소개하고 있는 견해들을 제대로 활용하기 위해서는 먼저 외적인 통제와 내적인 동기부여 사이에 어떤 차이가 있는지를 이해할 필요가 있다.

일반적으로 사람들은 외적인 것에 의해서가 아니라 자신을 만족시키는 내적 동기에 의해 행위를 선택하려는 경향이 있다. 필자 자신의 예를 들어보자. 필자는 대학생일 때 여름방학 동안 어느 강철 공장에서 아르바이트를 한 적이 있었다. 숙련된 용접공들이

용접해 놓은 부분을 부드럽게 다듬는 작업이었는데, 용접할 때 쓰는 마스크를 착용하고 하루 8시간 동안 꼬박 쭈그리고 앉아서 일하는 고된 작업이었다. 용접은 여러 사람이 했지만 다듬는 작업은 필자 혼자여서 잠시도 쉴 틈이 없었다. 물론 이야기를 나눌 사람도 없었다. 그래도 나름대로 열심히 일했다. 그런 모습이 마음에 들었던지 감독은 필자가 남들보다 훨씬 빨리 정식 용접공이 될 수 있을 것 같다면서 용기를 북돋아주었다. 돈도 많이 받았다. 하지만 3주일 정도 지나고 나니 더 이상 계속하고 싶지 않았다. 아무리 돈을 많이 받는다고 해도 외톨이로 일하는 고통이 더 컸던 것이다. 그래서 필자는 대학 졸업 후 사회생활을 하면서 교사, 상담원, 경영인, 발기인, 정치홍보요원, 조직 담당자 등 여러 분야에 종사했지만 늘 여러 사람들과 함께 일하는 자리를 택했다.

이 장을 읽고 나면, 직업을 바꾸거나 어떤 수준에서 일할 것이냐를 결정할 때 앞에서 말한 '일하는 기쁨'에 기초를 두고 있다는 사실이 분명해질 것이다. 왜 사람들이 일을 하면서 기쁨, 만족감, 성취감 등을 경험하는지, 그리고 그 반대되는 것들, 예컨대 일하기 싫은 것, 다른 사람들에 대한 분노, 자기 성취도에 대한 무관심 등에 대해서도 알게 될 것이다.

다섯 가지의 기본욕구

WDEP체계는 '선택이론'이라 불리는 동기부여체계에 기초하고 있다. 알기 쉽게 실내에 설치된 온도조절장치*thermostat*를 예로 들어보자. 온도조절장치는 온도를 자동적으로 일정하게 조절하는 장치로서 일종의 제어장치 기능을 한다. 실내 온도가 올라가면 닫히고 내려가면 열린다. 사람에 비유한다면 실내 온도를 일정하게 통제하려는 욕구를 갖고 있다고 할까. 그러나 이 장치는 실제로 실내를 직접 통제하는 능력은 없다. 기계장치, 즉 공기조절장치와 난방장치에 신호를 보낼 뿐이다.

사람의 두뇌도 이와 비슷하다. 다음의 원리를 보면 보다 분명해질 것이다.

첫째, 사람은 살아있는 모든 생물체처럼 내부적으로 동기화되어 있다. 즉, 동기화는 내면으로부터 비롯된다. 외부로부터 영향을 받기도 하지만 힘이나 강요, 통제는 동기를 지속적으로 유발시키는데 별다른 영향을 미치지 못한다.

둘째, 사람들은 오직 자신의 행동만을 통제할 수 있다. 자신을 통제하고자 하고 또 자기 환경세계를 통제하려 한다. 자신이 원하는 것을 얻고 싶을 때 그것을 얻으려고 노력한다. 개인의 행동은 어떤 것이든 선택인 것이다. 때문에 경영자나 관리자들은 이를 위해 적절한 분위기를 조성해 주고 지도 기술을 발전시키며 WDEP 체계를 사용할 수 있다. 보상과 처벌에 입각한 경영이나 관리는 단기간 직원들을 통제할 수 있을지는 모르지만 긴 안목에서 보면 대단히 비효율적이다. 내적 욕구를 만족시키거나 '일하는 즐거움'

을 가져다주지 않기 때문이다.

몇 년 전, 어느 대기업의 최고경영자*CEO*는 주주총회에서 직원들의 봉급을 두 배로 올려준다고 해도 생산의 질은 조금도 향상되지 않을 것이라고 공언했는데, 그 사람이야말로 관리의 핵심을 꿰뚫고 있는 경영인이라 할 수 있다. 품질은 그것을 만드는 사람들이 일하면서 내적 자긍심을 가질 때 비로소 좋아질 수 있다.

그러면 직원들이 즐거움을 느끼면서 효율적으로, 그리고 긍정적이고도 자발적인 태도로 일하게 하려면 어떻게 해야 할까. 무엇보다도 그들의 내적 욕구가 무엇인지를 알아야 한다.

인간은 누구나 태어날 때부터 유전적으로 갖고 있는 다섯 가지의 기본욕구가 있다. 뇌의 기능과 인간의 욕구를 연관시켜 선택이론을 전개한 윌리엄 글라써 박사에 따르면, 인간은 이 다섯 가지의 기본욕구 중 하나 혹은 그 이상의 욕구를 충족시키기 위해 행동하면서 삶을 영위한다. 순간순간 최선이라고 판단되는(그 판단이 정확했든 잘못되었든) 창의적인 방법을 찾아 자신의 욕구를 충족시켜 나간다.

다시 말해서 인간은 이 다섯 가지의 기본욕구를 채울 수 있는 '무엇'을 현실세계에서 늘 찾고 있는데, 그 '무엇'이 바로 바람*Want*이며 그 바람이 채워지지 않거나 방해받을 때 갈등을 느낀다는 것이다. 물론 다섯 가지의 기본욕구는 유전적인 속성이기 때문에 모든 사람이 공통적으로 갖고 태어나지만 그 욕구를 채우는 방법으로서의 바람은 사람마다 경험에 의해 차이가 있게 마련이다. 이제 다섯 가지의 기본욕구를 살펴보자.

생존의 욕구

인간의 가장 기본적인 욕구는 생존*Survival*의 욕구이다. 배고프고 목마르고 춥거나 더울 때마다 분명하게 느낄 수 있는 이 욕구에는 종족을 보존하기 위한 성적 욕구도 포함된다. 물론 성은 생존을 뛰어넘어 다른 욕구들과도 관련되어 있다.

생존 욕구가 아주 강한 사람들은 보수적이고 위험을 무릅쓰지 않으며 소비하기보다는 저축을 한다. 안전에 관심이 많고 자신과 비슷한 사람들에게만 집착하는 경향이 강하다. 안정에 가치를 두고 새로운 일이나 아이디어, 새로운 사람들을 믿지 않으려 한다. 상식을 따르는 경향이 있고 그 상식이 통용될 것 같지 않은 상황에서도 그렇게 한다. 대개의 경영자, 관리자들은 생존욕구를 다루지 않지만 사회사업가와 상담자들은 이 욕구를 대단히 중요하게 다룬다.

사랑과 소속감의 욕구

인간은 태어나면서 다른 사람들과의 관계를 추구한다. 사랑하고 사랑 받으며 나누고 협력하고자 애쓴다. 결혼하여 가정을 이루고, 다른 사람들과 사귀며 그들에게 속하고 싶어 한다. 고독을 싫어하고 누군가가 자신에게 호감을 갖도록 기대하는 것 역시 사랑과 소속*Love, Belonging*의 욕구가 기본적으로 자리잡고 있기 때문이다. 넓은 의미에서 보면, 협동하고 서로 도와주려고 하는 인간의 속성까지 포함된다. 이 욕구는 생존의 욕구와 같이 절박한 욕구는 아니지만 인간이 살아가는데 원동력이 되는 기본욕구이며 인간을 움직이는 힘이다. 젊은 사람이든 나이가 많은 사람이든 똑같이 이 욕구를 갖고 있다.

사랑과 소속감의 욕구는 직업 선택에도 영향을 미친다. 예를 들어 다른 사람들과 함께 어울리는 것을 좋아하는 사람이라면 혼자 일하는 사무직보다 많은 사람을 만나는 영업직이 바람직할 것이다. 또 직장에서 경영자나 관리자로부터 사랑 받고 소속감을 느끼지 못한다고 느끼면 오로지 생존만을 위해 일할 것이며, 그렇게 되면 생산성은 향상되지 않을 것이다. 따라서 경영자, 관리자들은 WDEP체계를 사용하여 직원들이 조직의 한 구성원임을 피부로 느끼도록 도와줘야 할 것이다. 그래야만 동기가 유발되어 노동의 질이 향상될 것이다.

힘의 욕구

인간에게 아주 특이한 욕구가 있다면 바로 힘*Power*의 욕구이다. 동물들은 위협을 받거나 짝짓기를 할 때, 먹이를 구할 때 공격적이 되지만 이것은 생존 차원일 뿐 힘을 위한 것이 아니다. 그러나 인간은 힘을 위한 힘을 원하고 그 힘 자체를 위해 싸운다. 여기서 힘이란 다른 사람들과 경쟁하고 무엇인가를 성취하고 스스로 중요한 존재이고 싶어 하는 속성을 말한다.

많은 사람들이 원하는 것을 충분히 가졌다고 인정하면서도 무언가 더 갖는 즐거움을 원하고, 다른 사람들과의 경쟁에서 이기기를 원한다. 다른 사람들에게 무엇을 하라고 시키기를 원하고, 그들이 하는 것을 보기를 원한다.

일반적으로 사람들은 남으로부터 존중받으면 힘의 욕구가 채워진다고 믿고 있다. 이때 존중받는다는 의미는 누군가가 자기에게 관심을 기울여준다는 뜻이다. 직장에서 많은 사람들이 함께 일할 때 나타나는 가장 큰 장애는 사랑의 결핍이 아니다. 힘의 욕구를 만족시키려고 상대를 밀어붙이기 때문에 많은 갈등이 나타난다. 더욱이 직원들은 경영자나 관리자들에 비해 상대적으로 힘의 욕구를 충족하기 어려운 입장에 있다.

경영자, 관리자들은 우선 직원들의 말에 귀를 기울이고 그들의 의견을 긍정적으로 받아들이는 자세를 가져야 한다. 직원 스스로 계획하고 그 계획을 직접 시도해 보도록 도와주고 그들이 지금 하고 있는 일을 스스로 평가하게 도와준다면 힘의 욕구는 상당부분 충족될 것이다. 상품 판매나 서류철 찾기 등 간단하고 단순한 작업으로도 성취감을 맛보거나 윗사람으로부터 인정받고 있다는 느낌을 들게 할 수 있다. 지식이나 리더십, 인정받기, 자존감 등은 모두 힘의 욕구와 관련되어 있다.

즐거움의 욕구

웃으면 즐겁고 즐거우면 웃는 것이 인간이다. 인간은 다른 동물들과 달리 즐거움*Fun*에 대한 욕구가 충족되면 웃는다. 그래서 그리스의 철학자 아리스토텔레스는 인간과 동물의 차이를 웃을 수 있는 능력이라고까지 말했다.

사람들은 다른 어느 욕구보다도 즐거움의 욕구를 충족하려고 애쓴다. 때로는 생명의 위험까지 감수하면서 암벽을 타거나 자동차 경주, 스카이다이빙을 하기도 하는데, 오직 이 즐거움의 욕구를 충족하기 위한 것이다. 그만큼 즐거움이란 인간생활에 없어서는 안 될 아주 중요한 활력소이다. 40~50대의 사람들이 만학도로서 배우겠다고 나서는 것도 바로 이 즐거움의 욕구를 충족하는 수단으로 배움의 기회를 선택하는 것이다.

직장에서도 마찬가지이다. 일하는 것이 마음에 들지도 않고 아무런 즐거움조차 주지 못한다면 생산성도 낮을뿐더러 심한 비인간화마저 초래한다. 현명한 경영자, 관리자는 직원들이 일하면서 즐거움의 욕구를 보다 많이 충족시키는 방향으로 돕는다. 예컨대, 어떻게 하면 생산성을 높일 것인가 하는 문제를 토의하면서도 관리자가 먼저 학습과 웃음을 곁들인다면 학습효과는 한결 높아질 것이다.

자유의 욕구

남에게서 강요받기를 희망하는 사람은 아무도 없다. 이 세상의 그 누구도 스스로 선택하고 표현하고 결정하고 싶어 한다. 사실 자유*Freedom*에 대한 욕구 충족이 제한을 받는다면 살아 있다고 말하기 어렵다. 온몸이 꽁꽁 묶여 있으면서 자유롭다고 말할 수는 없지 않은가. 물론 여기에는 물리적인 상태뿐만 아니라 심리적인 자유에 대한 개인의 의식도 포함된다. 자유는 어떤 결정에 대해 내게 선택권이 주어졌는가 아닌가에 따라 다르다.

좋은 부모는 자녀들이 선택하는 행동과 그 결과에 책임을 지는 것이 중요하다는 점을 가르쳐준다. 효과적인 경영자, 관리자들도 마찬가지이다. 직원들에게 합리적이고 가능한 한 많은 자유와 자율성을 허용하면서 스스로 행동선택을 검토하도록 격려한다.

이제 위에서 말한 다섯 가지의 기본욕구를 구체적인 활동과 연결시켜 보자. 앞에서 필자는 WDEP체계에 대한 교육프로그램에서 참가자들에게 "어떤 것을 가장 좋아합니까?" 라고 질문하여 참가자들로 하여금 자신의 욕구를 화제로 삼게 한다는 점을 지적했었다. 그리고 그와 비슷한 질문들을 무작위로 나열했는데, 이 질문과 연관시켜 각자 어떤 욕구가 충족되는가를 살펴보자.

예를 들면 '함께 일하는 사람들'이나 '동료 직원'들을 좋아한다고 답했다면 소속의 욕구와 관련이 있다. '금요일 오후 5시'라고 답했다면 자유의 요구와 관련되고, '계획을 완성한다'고 답했다면 힘의 욕구와 관련될 것이다. 어떤 것들은 하나의 욕구가 아닌 여러 욕구와 동시에 관련되어 있어 어느 하나를 꼭 집어내서 말하기 어렵다고 생각될 수도 있다. 이 연습은 기본욕구와 행동이 어떻게 연관되는지를 파악하도록 하는 데에 초점이 맞춰져 있다. 다른 사람들과 토의하면서 연습하면 많은 도움이 될 것이다.

언젠가 필자는 세미나에서 한 참석자로부터 "직장에서 이 모든 욕구와 바람이 실제로 채워질 수 있습니까?" 라는 질문을 받은 적이 있었다. 당연히 그럴 수 없다고 답했다. 직장에 다니면서 모든 욕구를 충족시키기란 거의 불가능하다. 또 직장에서 하는 모든 일이 완전한 만족감을 주는 것도 아니다. 그러나 질적인 일에 종사하면서 피로를 덜 느끼는 사람, 그 일에 흥미를 느끼는 사람이라면 자신의 욕구를 어느 정도 충족시킬 수 있다. 분명한 사실은 업무에 대한 책임감이 어느 정도의 소속, 힘, 즐거움, 자유의 욕구를 채워줄 때 동기부여는 유발되고 그들은 분명히 생산적으로 행동한다는 것이다.

이들 다섯 가지 기본욕구의 특성은 다음과 같다.

(1) 누구든지 유전적으로 가지고 태어난다.

(2) 문화나 성별, 인종, 지역에 따라 차이가 없다.

(3) 일반적이다. 그 누구도 일이나 돈을 위한 내적 욕구를 갖고 있지 않다. 욕구는 완성, 성취, 자신의 삶을 통제하고 있다는 인식

과 같이 보다 근원적인 것에 해당된다.

(4) 갈등과 대립을 수반한다. 사람마다, 그리고 한 개인에게 있어서도 욕구마다 그 강도가 다르다. 즉, 그 강도의 차이 때문에 어느 욕구를 앞세우는가 하는 우선순위를 결정하게 되고, 그것을 충족시키는 방법이 내 안에서 또는 상대방과 달라서 갈등을 겪기도 한다. 때로는 다른 사람으로부터 방해를 받기도 한다. 이처럼 어느 한 욕구가 다른 욕구의 충족을 방해하기도 하고 한 사람의 욕구 충족이 다른 사람의 욕구 충족을 방해하여 편안하고 질 좋은 인간관계를 갖기 힘들다.

당신의 '좋은 세계'는 어떨까

우리의 모든 행동은 욕구에 따라 선택하도록 동기화되어 있다. 생존, 사랑과 소속, 힘, 즐거움, 자유의 욕구라는 다섯 가지의 기본욕구를 충족시키기 위해 행동하는 것이다. 물론 앞서 말한 대로 욕구의 강도는 사람마다 다르고 그것을 충족하는 방법도 개별적이고 변화 가능하다.

또 사람은 저마다 고유하고 독특한 내면세계, 즉 '좋은 세계 *Quality World*'를 갖고 있는데, 행동 또한 이것과 관련되어 있다. 여기서 '좋은 세계'는 태어나면서부터 자기 욕구를 채우기 위한 행동을 할 때 하나 또는 그 이상의 욕구를 만족시켜준 것들, 다시 말하면 자신에게 가장 바람직하다고 느껴지는 좋은 느낌이 저장된 곳을 말한다. 그리고 그 대부분은 사람, 장소, 물건, 정보, 아이디어에 관한 좋은 느낌의 사진들이다. 따라서 당신의 '좋은 세계'는 당신이 살고 싶어 하는 세계이며 당신의 모든 욕망, 갈등조차 저장된 곳이라고 할 수 있다.

'좋은 세계'를 보다 알기 쉽게 일상적인 예를 들어보자. 당신은 옷을 살 때 분명히 마음에 드는 옷을 고르려 할 것이다. 이때 마음에 드는 옷이란 당신의 머릿속에 그려져 있는 '좋은 옷'이란 이미지를 말하고, 물건을 고른다는 것은 그 이미지와 비슷하거나 꼭 같은 것을 찾고자 애쓰는 것을 가리킨다.

일반적으로 사람들은 '좋은 세계'에 담긴 그림과 현실세계*Real World*와의 간격을 메우려는 의노에서 행동한다. 현실세계를 '좋은 세계'에 가까워지도록 통제하려고 애쓰는 것이다. 흔히 인간관계에서 불편함이나 갈등을 일으키는 것은 상대방의 어투, 표정, 행동 등이 당신이 좋아하는 그림(좋은 세계)과 동떨어진 것이기 때문이다. 이처럼 우리의 삶의 핵심이 되는 '좋은 세계'를 이해하는 일은 경영자, 관리자들에게 매우 중요하다. '좋은 세계'가 그 직원의 바람이고 원하는 것 자체이기 때문이다. 만일 직원에게 자발적인 동기를 부여하여 업무의 질을 높이고 싶다면 그 직원의 좋은 세계 안에 그 자신은 물론이고 회사나 조직, 질 좋은 상품과 만족할 만한 서비스 등이 들어가도록 노력해야 한다. 물론 경영자나 관리자 역시 자신의 좋은 세계에 직원들을 넣도록 해야 한다.

일반적으로 사람들은 자신이 스스로의 운명을 통제하고 있다고 느끼고 싶어 한다. 자신의 일이 중요하다고 생각하고, 일을 즐기며 지루함을 피하고 싶어 한다. 즉, 스스로가 결정권을 갖고 있다고 믿고 싶어 한다. 바로 이것이 업무의 질적 효율성을 가져오는 요인이고, 이런 효율성이 높은 조직에서는 직원들의 아이디어가 실행되므로 직원들은 경영자나 관리자들에 의해 조종을 받고 있다고 생각하지 않는다. 따라서 성공적인 경영자, 관리자라면 직원들 개개인의 '좋은 세계'와 질 높은 업무 수행을 어떻게 접목시켜야 할지를 파악할 수 있어야 한다. 그러려면 WDEP체계를 이용할 필요가 있다. WDEP체계를 다시 한번 상기해 보자.

W : 그들의 원하는 바가 무엇인지 탐색한다.
D : 하고 있는 것을 설명한다.
E : 특정 행동 또는 원하는 것을 얻을 수 있는 정도를 평가한다.
P : 구체적이고 현실적인 계획을 세운다.

다시 강조하면, 사람은 누구나 다섯 가지의 기본욕구를 갖고 있으며, 이것들이 일을 하면서 '좋은 세계'로 이행될 수 있는 것들에 의해 동기화된다. 효과적인 경영자, 관리자는 이 책에 상세하게 설명된 WDEP체계를 사용함으로써 직원들로 하여금 내적으로 동기화되도록 하여 일하는 기쁨을 느끼도록 할 것이다.

리더십의 세 가지 타입

절대 포기해야 할 고정관념

오늘날 기업에서는 경영이 어떤 모습으로 이루어지고 있을까. 아직도 많은 곳에서 효과적인 경영에 전혀 이롭지 못한 반생산적인 가정과 철학들이 이론과 실천면에서 하나의 규범처럼 자리잡고 있음을 볼 수 있다. 자극반응이론, 당근과 채찍 심리 등 받아들일 만한 명확한 논리가 제시되어 있지 있는 이론들이 아직도 경영과 관리의 근거가 되고 있음은 매우 안타까운 일이다.

여기서는 경영의 질적 성장에 장애가 되고 있는 네 가지의 비효과적이고 그릇된 관념들을 살펴보자. 당신이 이 책에 소개된 WDEP체계를 받아들이고 그 기술을 사용하려면 이들 관념부터 머릿속에서 완전히 지워버려야 한다.

나는 원하는 것을 직원들에게 강요할 수 있다

아직도 일부 경영자나 관리자들은 보상과 강압으로 직원들을 통제할 수 있다는 그릇된 믿음에 사로잡혀 있다. 잘한 일에 대해서는 물질적 보상으로, 그렇지 않으면 처벌이라는 자극을 주어 그 자신이 바라는 대로 일을 시킬 수 있다고 생각한다. 직원들이 좋아하든 싫어하든, 그 자신이 올바르다고 생각하는 '당근'과 '채찍'만이 업무의 효율성을 높여주는 유일한 방법이라고 믿고 있다.

물론 '불황의 10년*Depression Decade*'이라 불리는 1930년대의 대공황기에는 높은 실업률로 일자리를 얻으려는 근로자들이 많았던 때인지라 이 방법이 통할 수 있었다. 실제로 당시 수많은 경영자, 관리자들은 근로자들의 생사여탈권을 쥐고 있었고 그들 가운데 상당수가 이러한 방법을 신봉하고 있었다.

그러나 오늘날은 전혀 다르다. 소비자나 고객 위주의 서비스 제공, 질 중심의 고부가가치 제품이 요구되면서 근로자들의 마음을 움직일 수 있는 동기부여가 요구되는 상황이다. 비록 기업 경영이 어려워 긴축하지 않으면 안 될 처지일지라도 근로자들에게 동기를 부여하기 위해 근로자와 신뢰관계를 구축하지 않으면 안 된다. 그러려면 마음이 오고갈 수 있는 인간관계의 기술을 사용해야 한다. 간단한 대화를 나누더라도 상대방을 주눅 들게 하기보다는 열린 마음으로 친밀함을 돋구어줄 수 있는 대화이어야 한다.

사실 오늘날에는 사람들의 생각은 차치하고 행동만이라도 바꾸게 만드는 어떠한 위협도 거의 없는 것 같다. 심지어 보상조차 효과적으로 동기를 유발시키는 요인이 되는지 의심스럽다.

보상을 증대하면 사람들을 행복하게 만들 수 있다

과연 보상꾸러미를 증대시켜줌으로써 사람들을 행복하게 만들 수 있을까. 노력이나 성과에 대해 피드백을 주고 보상을 높여줌으로써 의욕을 높이겠다는 것은 전통적인 동기부여 이론에서 많이 언급되는 방법이다. 분명 돈은 많은 사람들의 마음속에 자리잡고 있는 중요한 욕구 대상의 하나이다. 생존과 안정 등 인간의 가장 기본적인 욕망을 충족시켜 주는 주된 수단이며 이들 욕구가 긴급하고 중요하면 그만큼 강한 의미를 지니는 것은 자연스런 일이기도 하다.

그러나 사람들에게 동기를 부여하는 방법은 돈 이외에도 많다. 실제로 사람들은 돈을 위해서 일하는 것이 아니라 돈이 그들에게 해주는 '그 무엇'을 위해 일한다. 그리고 한 사람을 동기화시켰다고 해서 똑같은 방법으로 다른 모든 사람들을 동기화시킬 수 있는 것도 아니다.

매순간 근로자들을 동기화시키는 것은 기본적으로 앞서 언급한 다섯 가지의 기본욕구에서 비롯된다. 동기부여란 이들 욕구를 충족시키고 이를 통해 만족을 얻기 위한 노력의 일환인 것이다. 따라서 근로자들은 경제적 보상보다 더한 것들, 즉 사랑과 소속감, 힘, 자유, 즐거움 등을 필요로 하고 그것들이 충족될 때 비로소 만족과 행복을 느낀다.

'해야 할 것을 하는 것'에 대해서는 포상할 필요가 없다

오늘날 기업에서는 민주적 경쟁원리에 따른 차등보상제를 적극 도입하고 있다. 포상이 열심히 일한 사람을 격려하고 다른 사람들에게 동기를 부여한다는 점에서 매우 타당성이 있는 방법이다. 그런데도 경영자 중에는 당연히 해야 할 업무에 대해서는 별도로 포상을 할 필요가 없다고 생각하는 사람들이 많다.

그러나 이러한 잘못된 철학으로는 동기를 유발시키는 욕구를 설명하기 힘들다. 근로자들이 회사로부터 더 많은 통제를 받았던 때에는 이런 의식을 당연하게 여겼을지도 모른다. 하지만 1980년대에 들이와 탈신업화의 촉진, 기업의 합병과 부의 집중, 소득의 불균형 심화, 그리고 실업의 증가와 이에 따른 노동자들의 단결과 연대 강화 등 사회적 변화와 경제적 재난은 독재적인 경영권으로부터 자유롭고자 하는 사람들의 욕구가 억누를 수 없는 것임을 증명했다.

사람들은 선량하고 성실하다. 또 자신의 능력을 최상으로 발휘하려고 노력한다

인간의 본성은 선한 것일까, 악한 것일까. 이에 대한 정답은 없다. 그것을 보는 사람의 시각과 시대적 상황에 따라 다르게 나타난다는 게 일반적인 정설이다. 때문에 경영자, 관리자들이 사람들은 선량하고 성실하며 늘 자신의 능력을 최상으로 발휘하려고 노력한다고만 믿는 것은 잘못이다.

오히려 대부분의 사람들은 인간적이고 오류를 범할 수 있으며 실수하는 경향이 있다. 오해하거나 잘못 해석하기도 하고 남을 속이거나 현혹시키는 경우도 있다. 또 목적에 어긋나게 일하고 터무니없는 실수를 저지르며 하찮은 일에 몰두하기도 한다. 비논리적이며 불명확하고 분별없는 것들 모두 우리 인간의 행동에서 볼 수 있는 것들이다. 노골적으로 악마처럼 행동하지는 않을지라도 다른 사람들을 현혹하고 조롱하며 기만하기도 한다. 한마디로 머피는 낙관주의자였다.

리더십이 뛰어난 경영자, 관리자들은 조직 내에 문제가 발생하면 그 밑바닥에는 항상 '사람 문제'가 있다는 사실을 얼른 알아차린다. 그들은 생산성이나 품질이 작업환경이나 돈, 기술보다 일하는 사람의 동기부여에 크게 좌우된다는 것을 잘 알고 있다. 실제로 어느 연구 결과에 따르면 기업 이윤을 창출해주는 능력 가운데 87퍼센트가 인사관리에 의한 것이며 13퍼센트만이 공학적인 기술에 의존한 것으로 나타났다. 경영자, 관리자로서 성공하기 위해서는 기업전략보다 사람을 중시해야 한다.

이 책은 경영자나 관리자들에게 사람을 어떻게 대할 것인가, 특히 의사소통 기술을 어떻게 효과적으로 사용하여 근로의욕을 고취시킬 것인가에 대해 경영자, 관리자들에게 도움을 주기 위한 하나의 시도이다. 독선적, 권위적, 냉소적인 인상으로 비추지 않으면서 직원들과 좋은 인간관계를 맺기 위한 대화법을 제시하고 있다. 이 책에 제시되어 있는 기술들은 어떠한 환경에서도 사용될 수 있는 확고하고도 실제적인 것들이다.

당신의 리더십은 어떤 스타일?

전통적으로 리더십과 경영방식은 세 가지의 행동 유형으로 분

류된다. 즉, 권위주의적 경영, 자유방임적 경영, 그리고 참여적이고 민주적인 경영이다.

권위주의적 경영

윌리엄 글라써 박사가 때때로 '보스형 경영자'라고 불렀던 권위주의적 경영자들은 '책임진다는 것'을 20세기 최대의 발명이라고 믿고 있다. 그들은 WDEP체계를 사용할 때 상대방과 지속적인 우호관계를 형성하는데 도움이 되는 다섯 가지의 지침, 즉 ①항상 예의바를 것 ② 항상 신념을 가질 것 ③ 항상 열성적일 것 ④ 항상 확고할 것 ⑤ 항상 진실할 것 중에서 확고함의 요소만을 강조한다.

그들은 직원들과 의논하는 법이 거의 없다. 나쁘게 표현하면 컴퓨터나 기계처럼 대한다. 일단 지시나 명령을 내리면 직원들은 무조건 그것에 따라야 한다. 그들은 일을 보다 효율적으로 수행할 수 있는가에 대해 직원들의 의견을 묻는 경우가 거의 없다. 만일 직원들이 따르지 않으면 다양한 방법으로 고통을 안겨주려 한다.

이들의 유일한 목표는 자신의 지위를 계속 유지하려는 것이다. 일찍이 고대로마의 철학자 세네카가 '권력의 목적은 권력을 유지하려는 것'이라고 한 말을 연상케 한다. 그들은 정보를 축적하고 이를 이용하여 직원들이 복종하도록 조종한다. 직원들에게 정보가 제공되는 기회란 오직 질문을 받거나 '알 필요가 있는' 기본적

정보일 경우에 한한다.

이들은 직원들의 욕구와 바람에 대해 묻지도 않고 관심도 없다. 그들이 무엇을 필요로 하는지 이미 알고 있다고 생각하기 때문이다. 오히려 그들은 '언덕 위의 왕'이나 '여왕'처럼 높은 곳에서 군림하고자 애쓰며 일정한 공포심을 조장함으로써 자신의 독점적 지위와 우위를 계속 유지하려 한다. 그들에게 있어서 직원은 결코 동반자가 아니다. 그들은 직원들에게 힘을 주면 자신이 힘을 잃게 될 것을 걱정하는 사람들이다.

물론 그들은 인간적이기도 하다. 깨끗하고 일관성이 있으며 때로는 공정하다. 그러나 이러한 스타일은 완전히 거부되어야 할 주관적이고 독재적인 경영 스타일인 것만은 분명하다. 실제로 이런 타입을 좋아하는 사람은 거의 없다.

하지만 그것이 항상 비효과적이거나 부적절한 것만은 아니다. 이러한 경영자들은 탁월한 본능을 지니고 있으며 종종 상당히 카리스마적이다. 한때 필자는 해군에서 가장 엄격하기로 소문이 나 있는 함정의 사령관 출신이었던 사람과 함께 일한 적이 있었는데, 그는 무척 카리스마적인 인물이었다. 현역 시절, 많은 군인들이 그가 다가가면 긴장하고 두려워했다고 한다. 그래도 그가 명령을 내려면 무조건 따라 용감하게 전투를 했다.

일반적으로 군의 지휘관들은 전형적인 권위주의적 스타일이다. 그들은 부하들에게 '적진을 점령하라'고 명령할 때, 병사들과 의논

하지 않는다. 오히려 병사들을 기꺼이 믿는다. 고지를 점령했을 때, 그것은 지휘관 개인이 소유하는 것이 아니기 때문이다.

전투나 이와 비슷한 상황에서는 권위주의적 결정이 절대로 필요하고 자주 행해진다. 지휘관이 '고지를 점령하라'고 명령하면서 그것이 옳은지 그른지를 민주적으로 토론할 기회란 거의 없다. 하지만 똑같은 상황을 기업이나 민간 서비스, 공장 관리나 정부기관으로 옮겨 적용하려고 하면 불행하고 비참한 결과만을 초래한다. 어쩌면 직원들과 경영자, 관리자들은 싸움하기에 바쁠 것이다.

권위주의적인 경영형태에서는 WDEP체계를 제대로 사용할 수 없다. 설사 사용한다고 해도 그 정도가 대단히 미약하여 제대로 효과를 내지도 못한다. 직원을 동료나 동반자, 협력자로 보지 않을뿐더러 다른 사람들의 의견이나 지각, 바람 등에 주목하지 않은 채 오로지 일의 완성만을 생각하는 그들이 아랫사람들에게 열린 마음으로 무엇을 원하는지를 물을 리가 없지 않은가. 때문에 이런 상사 밑에서 일하는 직원들은 자연히 수동적인 자세를 취하며 조직 내의 의사소통은 일방적인 것이 될 수밖에 없다.

당신이 권위주의적인 경영자나 관리자인지 아닌지를 알려면 다음의 네 가지 항목에 해당되는가를 따져보라.

첫째로 직원들이 해야 할 일의 직무와 기준을 정할 때 직원들과 상의하는가. 둘째로 솔선수범하기보다 지시를 내리거나 보다 효율적인 개선방안을 직원들에게 질문한 적이 있는가. 셋째로 작업이나 품질검사 및 평가에 직원들을 참여시키는가. 넷째로 직원들의 반발에 적대적으로 대응하지 않는가.

한마디로 권위주의적 경영자들은 외부에서 정보가 투입되는 것을 원하지 않는다. 직원들은 그 자신이 평가하고 계획한 일을 수행하기만 하면 된다고 믿고 강요한다.

이제 권위주의적 리더십이 환영받던 시대는 오래 전에 지나갔다. 그런데도 많은 경영자, 관리자들은 아직도 자신들이 일방적으로 정한 목표에 직원들을 순응시킬 수 있다는 순진한 믿음에 집착하고 있다. 물론 명령하달식 체계가 필요하기는 하다. 그러나 그것은 일방적이고 독재적이어서는 안 된다. 그런 방식은 오늘날 기업이나 조식에서 더 이상 효과적으로 작용하지 못한다.

자유방임적 경영

자유방임적인 경영은 한마디로 뒷전에 물러나 앉아서 경영하는 방식이다. 이러한 스타일을 좇는 경영자, 관리자들은 조직 내에서 일어나는 모든 일을 자율이란 명분에 맡긴다. 이들은 일이나 권위, 책임 등 모든 것을 다른 사람에게 위임하는데, 그 중에서도 가장 나쁜 것은 질적인 표준치를 정하는 일조차 위임한다는 점이다. 말하자면 직원 스스로 지금 자신이 하고 있는 작업의 질을 가장 높은 수준이라고 판단해버릴 가능성이 높다.

자유방임적인 경영자나 관리자들의 공통된 특징 가운데 하나는 사람들과 잘 어울리고 친밀하게 지내고자 하는 욕구가 과도하다는 사실이다. 때문에 그들은 직원들에게 칭찬이나 좋은 말만 할뿐 냉정한 입장에서 잘못에 대한 건설적인 질책이나 피드백, 그리고 자기에게 부여된 권한을 행사하기를 두려워한다. 결국 리더로서의 기본책무마저 저버리는 나약한 모습으로 비추기 십상이다.

물론 직원들이 그의 뜻을 깊이 새겨 자발적으로 질적 성장을 위해 노력한다면 아무런 문제가 없을 것이다. 그러나 직원들을 일정한 선에서 만족하게 하거나 또는 지나친 요구에서 한 발 물러서는 행동을 이끌어내지 못하는 경영자, 관리자라면 그들은 직원들에게 환멸을 느끼고 냉소적이고 씁쓸한 감정을 갖게 될 가능성이 높다. 직원들이 잘못한다고 해도 그들 역시 욕구와 바람을 지니고 있으며 WDEP체계를 사용하여 대한다면 충분히 동기화될 수 있다는 사실을 깨닫지 못하는 것이다.

일반적으로 '일이 일어나게 내버려 둔다'면서 자율을 강조하는 자유방임적 경영은 성공보다 실패로 끝나는 경우가 많다. 그럴 경우, 이들은 사람들을 신뢰할 수 없다고 원통해 하면서 권위주의적 방법에 호소하는 경향이 있다. 이러한 스타일의 어느 경영자의 말을 인용해 보자.

"나는 멋진 사람이 되고 싶었고 사람들에게 독자성을 허용하려고 애썼다. 그러나 그들이 너무 많이 실수하는 바람에 나는 변할 수밖에 없었다."

자유방임적 경영자들은 이처럼 상태가 극단적으로 악화되어야만 비로소 직원들이 WDEP체계를 사용하도록 허용한다.

참여적이고 민주적인 경영

윌리엄 글라써 박사는 보다 민주적이고 참여 정도가 다양한 이 스타일을 '선도적 경영' 또는 '리드형 경영'이라고 칭했다. 참여적이고 민주적인 경영자들은 조직 내의 의사결정과정에 직원들을 포함시킨다. 그들은 모든 직원들이 내적인 기본욕구에 의해 동기화된다는 점, 그리고 그 욕구는 그들의 작업환경에서 만족스러운 방법으로 충족되어야 한다는 것을 인정한다.

그들은 조직을 성공적으로 만드는 일의 '좋은 것'과 비용에 관해 지속적으로 직원들과 토론을 갖는다. 직원들의 말에 귀를 기울이고 직원들이 스스로 조직 발전에 기여할 수 있도록 돕는다. 또 그들은 솔선수범함으로써 경영자, 관리자가 기대하는 것이 무엇인가를 직원들 스스로 깨닫도록 한다. 그리하여 직원들이 자기 일에 대해 보다 확실하게 통제할 수 있도록 하고 고품질, 저비용 생산에 대한 이해력을 높이게 한다. 기회가 있을 때마다 직원들에게 품질 향상은 끊임없는 개선을 통해서만 이루어진다는 점을 지속적으로 가르친다.

한마디로 그들은 자신의 주 임무가 직원들의 바람과 실제 작업을 화합시키는 업무를 촉진시키는 것이라고 믿는 사람들이다. 특히 직원들의 '좋은 세계' 안에 조직, 경영자나 관리자, 상품과 서비스, 고객 등을 넣도록 설득하고자 애쓰는 사람들이다. 물론 자신부터 '좋은 세계' 안에 직원들을 넣는다. 만일 근로자들 대부분의 '좋은 세계' 안에 이 네 가지 모두를 넣었다면 회사는 경쟁력을 유지하고 상품을 개선하면서 번창하게 될 것이다.

WDEP체계는 참여적이고 민주적인 경영에서 가장 적절하게 사용된다. 왜냐하면 이러한 스타일의 경영자들은 어떤 결정을 내리기에 앞서 보다 많은 정보를 가지려고 노력하고, 그 결정에 대해 어쩔 수 없이 했다기보다 매우 필요하고 유용한 것으로 간주하기 때문이다. 특히 그들은 이러한 원리를 말로만 존중하는 것으로는 충분치 않다고 생각하여 일정한 시스템을 갖추려고 시도하고 그것을 지속적으로 활용하려 한다.

이 책은 참여적이고 민주적인 경영자, 관리자들이 어떤 방법으로 WDEP체계를 활용하여 서비스와 제품의 질을 향상시키고 직원들이 직장에서 자신들의 욕구를 충족시키도록 도울 수 있는지에 대해 설명하고 있다.

WDEP체계는 어떤 사람에게 효과적일까

지난날을 되돌아보라

당신은 지금까지 일에서 성공했기 때문에 관리자 또는 경영자가 될 수 있었다. 그렇다면 당신 자신을 한번 되돌아보라. 처음 일을 시작했을 때가 기억나는가. 아마도 누구 못지않은 긍정적인 태도와 질적 특성을 갖고 있었을 것이다. 당신이 즐거워했던 첫 번째 일이 무엇이었는지를 생각해 보라. 그 당시 지녔던 일에 대한 열정이 기억나는가. 모르긴 해도 그 열정은 당신이 신혼여행을 갔었을 때 가졌던 열정과 비슷할 것이다. 당신은 처음 일을 시작하면서 이렇게 생각했을 것이다.

"이것은 바로 나 자신을 위한 일이야. 나는 아주 가치 있는 일을 하고 있어. 일에 대해, 그리고 그 일을 하는 나 자신이 정말 자랑스러워."

지금은 어떤가. 처음 일할 때의 그 열정을 지금도 갖고 있다고 생각하는가. 아니면 '처음엔 누구나 다 그렇지. 하지만 세월이 지나다보면 누구나 시큰둥해지는 법이야' 라고 자위하고 있는가. 대부분의 사람들은 일을 처음 시작할 때의 열정은 시간이 지남에 따라 식게 마련이라고 생각한다. 처음에는 자신이 성공할 수 있는 재능과 기술을 갖고 있다고 믿었지만 지금은 진창에 빠져 꼼짝할 수 없다거나 에너지를 다 소모한 것처럼 느끼는 사람들이 많다.

그러나 그렇지 않다. 성공한 사람들을 보라. 그들은 오히려 더 열정적이다. 봄에 새 순이 돋아나듯 일할 때마다 열정이 솟구친다고 말한다. 당신도 이 책을 통해 새로운 열정을 향해 나아갈 수 있고 일에 관한 열정까지도 회복할 수 있다. 무엇보다도 지난날 긍지를 갖고 한 일과 스스로 만족했던 그 일이 바로 당신 자신이 행복하며 성공했다고 느끼도록 해주는 토대임을 이해할 수 있을 것이다.

생각해 보자. 어떤 부품이든 그것을 만드는 데는 일정한 기술이 필요하다. 그 부품을 판매할 때도 기술이 필요하다. 그리고 직원들이 질 높은 제품을 생산하는데 전념하게 만들 때도 기술이 필요하다. 그 어떤 일이든 기술이 필요하고, 그 기술을 갖도록 동기를 부여하는 방법이 바로 이 책에서 말하려는 핵심이다.

효과적인 경영자, 관리자라면 직원들을 격려하는 수준에 머물러서는 안 된다. 개인적으로 대화를 나누거나 집단적으로 회의를 제대로 진행할 수 있어야 한다. 이때 비판하거나 논쟁, 설득하려하지 않고 보상이나 처벌을 초월하여 WDEP체계를 사용하면 조직의 서비스나 생산의 질을 높일 수 있고 조직에의 헌신적인 참여를 이끌어낼 수 있다.

이런 문제가 있는 사람이라면

WDEP체계를 제대로 사용하기 위해서는 우리 모두 '사람 관리'에 실수를 하고 있다는 사실을 깨달아야 한다. 다음의 장에서는 이 실수들을 설명하고 어떻게 대처할 것인가를 살펴보기로 한다.

우선 WDEP체계를 어떤 사람에게 사용하는 것이 효과적인지를 보자. 물론 여기에 제시된 예는 일반적인 유형을 나열한데 지나지 않는다. 이밖에도 직장이나 조직에서는 문제가 많을 것이다. 경영자, 관리자와 근로자간의 문제, 근로자끼리의 문제, 또는 개인적인 어려움 등 수없이 많다. 중요한 것은 그 어떤 문제이든 직원들이 자발적으로 경영자, 관리자들에게 찾아오게끔 하는 방법을 개발해야 한다는 점이다. 그러려면 자신은 단지 도움을 제공하려는 의도뿐이라는 메시지를 확실하게 제시할 필요가 있다.

- 일을 마지못해 하는 사람
- 동료들과 다투는 사람
- 주도력이 부족한 사람
- 잠재적인 능력을 발휘하지 못하는 사람.
- 끈기나 참을성이 부족한 사람
- 자기표현이 부족한 사람
- 명령식이나 직설적인 말투, 다른 사람에게 공격적인 사람
- 지시를 따르지 않는 사람
- 뭔가 시무룩한 표정을 짓는 사람
- 사적인 일을 회사에까지 가져와서 하는 사람
- 업무 수행의 질이 낮은 사람
- 필요한 지도력을 보여주지 못하는 사람

- 다른 사람들과 효과적으로 의사소통을 못하는 사람
- 지나치게 안달하는 사람
- 남의 의견에 너무 쉽게 동의하는 사람
- 아이디어를 발표하지 않는 사람
- 자기 주장이 확고하여 대화가 힘든 사람
- 자기 혼자, 자기 것만 챙기는 사람
- 화내고 신경질 부리거나 거칠게 말하는 사람

이제 당신의 도움이 필요한 사람 2명을 선정하여 그들에 관해 다음 빈칸에 적어 보라. 이때 막연한 느낌을 적어서는 안 된다. 그들의 행동을 구체적으로 적어야 한다.

이 책을 다 읽고 난 후 다시 이 사례들을 검토해 보고 당신의 시나리오를 작성하라. 당신이 해야 할 질문이나 의견은 물론 그들의 질문이나 주장도 구체적으로 적어보라.

사례: 직원 1

____

____

____

____

____

사례: 직원 2

____

____

____

____

____

이제 당신이 쓴 사례에 관해 다시 읽어 보라. 그들의 구체적 행동이 얼마나 잘 묘사되었는지를 다시 한 번 확인하는 과정이다.

WDEP체계의 4단계 과정

여기까지 읽었으면 당신은 WDEP체계를 배울 마음의 준비가 끝난 상태이다. 이제부터는 WDEP체계가 무엇인지를 구체적으로 살펴보자.

결론부터 말해서, WDEP체계란 직원들을 가르치고 상담하고 감독하고 동기를 부여하는 동안 탐색되어야 할 일련의 질문을 던지는 과정을 의미한다. 이 지도체계는 직원들의 내면적 욕구가 무엇인지 스스로 알게 해준다. 그리고 직원들을 보다 높은 수준으로 동기화되도록 유도한다.

우선 상대방으로 하여금 욕구와 관련된 자신의 구체적 바람을 스스로 파악하게 한다. 자신이 무엇을 하는지를 검토하고 그 바람이 달성되었는지, 또는 자신의 행동에 도움이 되었는지를 평가하게 한다. 그리고 마지막으로 달성할 수 있는 계획을 구체적으로 세우게 한다.

이 체계를 효과적으로 사용하면 경영자나 관리자들은 직원들을 인간적으로 대하면서 그들 스스로 책임을 지고 변명하거나 쉽게 포기하지 않도록, 그리고 자신의 일을 효과적으로 수행하는데 최선을 다하는 분위기를 조성할 수 있다.

상대방의 바람 탐색하기

경영자나 관리자들은 일차적으로 직원들이 직장에서 무엇을 원하는지부터 탐색해야 한다. 또 직장 동료나 본인 자신에게, 그리고 경영자나 관리자에게 무엇을 원하는지를 물어 보라.

'당신은 무엇을 원합니까?' 라고 질문을 받으면 직원들은 이제까지 희미하게 알았던 자신의 내면세계에 존재하는 욕구와 바람을 확실히 파악하게 된다. 어쩌면 이제까지 어느 누구에게도 이야기를 한 적이 없는 속내를 드러낼지도 모른다. 이때 당신이 상대방에게 신뢰를 줄 수 있다면 아마도 상대방은 망설이거나 주저하면서도 그 자신이 놀랄 만큼 마음을 열 것이다. 주의할 점은 기계적으로 질문하거나 어쩌다 한번 묻는 식이어서는 안 된다는 것이다. 상대방의 마음속에 담긴 '사진'들이 분명하면 할수록 자신이 원하는 것을 얻을 수 있는 가능성은 더욱 높아지는 법이다. 여기서 '사진'이란 상대방의 '좋은 세계'를 말한다.

이 질문의 장점은 상대방 자신이 원하는 것을 얻는 방법과 원하는 것을 방해하는 것이 있는지를 정확하게 찾도록 해준다. 또 자신의 행동체계 내에 이미 효과적인 행동들을 갖고 있거나 재조직해 낼 수 있다는 결론을 유도해 낼 수 있다.

인간의 바람은 욕구에서 파생된다. 따라서 직원들은 항상 자신들의 욕구와 구체적으로 관련된 것들이 성취되기를 원한다. 예컨대, 호의적인 대인관계, 일에 대한 만족도, 성취감, 즐거움을 주는 일, 그리고 적어도 자기 일을 수행하는 데 있어서 어느 정도의 자유를 가지기를 원한다. 이때 '좋은 세계' 안에 들어 있는 마음속의 사진들이 분명하면 할수록 원하는 것을 얻을 가능성은 높아진다.

그 바람이 모두 실현되어 욕구가 충족된다면 그들은 데밍이 말한 '일하는 즐거움'을 갖게 될 것이다.

일단 상대방의 바람을 탐색했으면 다음으로 상대방이 '진정으로 일을 통해서 얻고 싶은 것이 무엇입니까?' 라는 질문을 던져 보라. 일하는 데 만족스런 점이 무엇인지, 또 좌절시키거나 실망하게 만드는 요소가 무엇인지를 질문하라. 그리고 그들이 지금, 1년 후, 또는 5년 후에 어디에 있기를 원하는지를 물어 보라.

물론 이러한 질문들은 직원들이 얼른 대답할 수 있는 성질의 것들이 아니다. 왜냐하면 그들은 이러한 질문들을 받아본 적이 별로 없을 뿐더러, 어떤 것이 충족된 바람인지 아닌지를 명확히 구별하기 힘들기 때문이다. 또 무엇을 원하는가 하는 바람은 변화하게 마련이다. 오늘 바람직스러웠던 일이 1주일, 한 달 혹은 6개월 후에는 매력 없는 일이 될지 모르기 때문이다. 그래서 한 개인의 바람을 물을 때, 중요한 것은 어떤 식으로든 상세하게 자주 지속적으로 물어볼 필요가 있다는 점이다.

다음으로 현재 충족되고 있는 바람은 어떤 것이며, 그렇지 못한 바람은 무엇인지를 물어 보라. 그리고 그 상황이 어떻게 되기를 원하는지, 다른 사람에게 바라는 것은 무엇인지, 그리고 다른 사람들이 본인에게 원하는 것이 무엇이라고 생각하는지를 질문하라. 여기서 가장 중요한 질문은 '그것을 얼마나 강렬하게 원합니까?' 라는 질문이다. 예컨대, 일이나 승진, 급료 인상 등을 얼마나 강하게 바라고 있는가를 질문해야 한다.

'진정으로 원하는 것이 무엇인지'를 묻는 것은 어려운 작업이다. 하지만 이 작업을 계속하다 보면 상대방으로 하여금 주위 환경에서 원하는 것과 얻고 있다고 지각하고 있는 것 사이의 간격을 좁혀 나감으로써 충족되지 못한 욕구를 구분해 내게 된다. 성취할 수 있는 현실적인 그림을, 자신의 '좋은 세계' 안에 들어 있는 비현실적인 그림과 바꿀 수 있도록 도움을 줄 수 있다.

상대방이 보여주는 태도

상대방의 바람이나 욕구를 탐색하는 과정에서 질적 향상을 가져오려면 여러 단계를 거쳐야 한다. 경영자, 관리자들은 직원들이 점진적으로 높은 단계로 나아가도록 자극을 주며 밀어줘야 한다. "당신은 무엇을 원합니까?" 라고 질문했을 때 일반적으로 상대방이 보여주는 단계는 다음과 같다.

제1단계: "나는 무슨 일이든 상관하지 않아요. 그러니 제발 나를 귀찮게 하지 말아요."

이런 반응을 보이는 사람은 업무에 전념하는 정도가 가장 낮은 단계로 볼 수 있다. 아니, 전혀 열의를 보이는 않는 사람이라고 해야 옳다. 이러한 사람이야말로 효과적인 WDEP체계가 가장 절실하게 필요한 사람들이라고 볼 수 있다.

제2단계: "내가 무엇을 원하는지조차 잘 모르겠어요."

이런 반응을 보인다면 직업세계가 자신들에게 무엇을 제공해 주겠지 하는 막연한 견해만 갖고 있는 사람이다. 이들에게는 자신의 목표를 분명하게 인식할 수 있도록 도움을 줄 필요가 있다. 물론 그들은 자기가 맡은 일은 그런 대로 해낸다. 하지만 당신이 좀 더 관심을 기울인다면 결과는 달라질 것이다.

제3단계: "나 자신을 위해 좀더 나은 일을 하고 싶어요."

이런 사람이야말로 정말 좋은 일꾼이다. 승진을 하고 좀더 많은 책임을 지고 싶어 하며 월급이 인상되기를 원하는 그들은 분명 열심히 일할 것이다. 그러나 질적으로 높은 일을 하거나 조금씩 앞으로 나아가는 것이 자신의 목표를 달성하는 길이라는 사실을 이해하지 못할지도 모른다.

제4단계: "나만의 특별한 목표가 있고 그것을 달성하기 위해 열심히 일할 겁니다."

이런 사람은 작은 일에도 분명한 동기와 주도권을 쥐면서 열심히 노력한다. 경영자, 관리자들이라면 이런 사람과 일하고 싶어 할 것이다. 물론 다른 부서로 옮기는 것도 원치 않을 것이다.

제5단계: "나에겐 능력을 최대한 발휘하여 조직에 기여하고자 하는 불타는 열정이 있다. 나는 조직에서 꼭 필요한 사람이 될 것이다. 질적으로 최고 수준에서 업무를 수행하겠다. 이것이야말로 내가 만족하기로 선택한 최소한의 값이다."

이 정도라면 매우 빈틈없는 사람이다. 훗날 최고경영자가 될 사람이라고 판단해도 무방하다.

당신은 위에서 언급한 제1단계와 제5단계의 차이가 무엇인지를 알 것이다. 말할 나위도 없이 제2단계는 제1단계보다 질적으로 높고 제5단계는 제4단계보다 높다.

제1단계에 있던 직원을 제2단계로, 제2단계에 있는 사람을 제3단계로, 제3단계에 있는 사람을 제4단계로 끌어올린다고 생각해 보라. 분명 당신은 성취감을 맛볼 것이다. 물론 경우에 따라서는 급료를 인상해줘야 할 것이다. 그러나 단 한 사람이라도 질적으로 높은 생산단계에 전념하게 만들어 긍정적인 동기부여가 되도록 돕는다면 이보다 더 좋은 일은 없을 것이다. 보다 많은 동기를 부여하면 할수록 제품과 서비스의 질을 증대될 것이다.

행동 탐색하기

상대방의 바람을 정확하게 파악했다면, 당신은 이제 상대방의 행동을 탐색하는 질문을 던져야 한다. 즉, '당신은 무엇을 하고 있습니까?' 라고 물어 보라. 이 질문은 상대방 스스로 무엇을 하고 있는지, 어디로 가고 있는지를 탐색하도록 하는데 도움을 준다.

이 질문에서 각각의 단어들은 중요한 의미를 지니고 있다. 먼저 '당신'이라는 단어로 시작하는 것은 상대방이 자기 행동의 원인을 환경 또는 남의 탓으로 돌리거나 변명하려는 것을 중단시키는 효과가 있다. 또 자기 행동의 주인이 바로 자기 자신이라는 점을 다시금 확인시켜준다.

'무엇'이라는 단어는 상대방 스스로 내면세계로 들어가게 하는데 목적이 있다. 자기 행동이 효과적인지 아닌지, 자기 통제가 가능한 영역과 그렇지 않은 영역을 본인 스스로 확인해 보도록 하는 것이다. 말하자면 본인 스스로 찍은 비디오카메라를 들여다보면서 자신을 발견하고 자기 검토를 하게 만드는 것이다. 다른 사람이 말해주는 것보다 훨씬 효과적일 것이다. 이때 주의할 점은 막연하게 말하기보다 어느 특정한 날이나 상황을 상기시켜 정확하고도 상세하게 말하도록 이끌어간다는 점이다.

'하고' 라는 단어는 감정요소보다 상대방이 선택한 활동요소에 초점을 맞춘다는 뜻이다. 행동에 초점을 맞춘다는 것은 대단히 중요하다. 우리는 그 동안 감정이 문제의 근본이 된다는 가정에 너무 얽매여 왔다. 감정을 확인하고 감정과 스스로 교감하면서 과거의 경험을 이야기하다보면 문제가 해결된다고 믿어 왔다.

그러나 윌리엄 글라써 박사는 감정요소란 활동요소에 자연히 뒤따르는 부수물이라고 했다. 그는 인간의 행동을 자동차에 비유하면서 욕구는 엔진에 해당되며, 바람은 핸들, 그리고 앞바퀴는 활동하기*Acting*와 생각하기*Thinking*, 뒷바퀴는 느끼기*Feeling*와 신체반응하기*Physiology*에 해당된다고 했다. 이 중에서 우리가 통제력을 갖고 있는 것은 앞바퀴인 활동하기와 생각하기(그 중에서도 중추적인 역할은 활동하기)인데, 이 요소를 변화시키면 나머지 두 가지의 요소도 자동적으로 변화된다고 강조한다. 즉, 적극적인 활동에 많이 관여할수록 유쾌한 생각과 좋은 감정, 그리고 더 좋은 생리적인 편안함이 수반될 것이라는 주장이다. 따라서 '하고'라는 단어는 상대방으로 하여금 원하는 것과 그것을 얻기 위해 행동하고 있는 것에 대해 자기 평가를 할 수 있도록 도움을 주는 것이며, 이 둘 사이의 간격을 좁힐 때 비로소 욕구가 충족된다는 점을 깨닫게 해주는 것이다.

일반적으로 갈등이란 인간이 원하는 것과 현실세계에서 지각되는 것 사이의 차이를 느껴서 생기는 것이다. 그리고 갈등이 생기면서 어떤 행동을 선택하려는 동기가 생긴다. 따라서 자신이 원하는 것을 얻을 때까지 계속해서 어떤 활동을 하며, 원하는 것과 얻은 것의 간격이 좁혀졌을 때 비로소 욕구가 충족되는 것이다. 이 때 상대방에게 확실히 해둘 점이 있다. 상대방이 어떤 행동을 했든지, 그것은 곧 상대방의 선택에 기초한 것이라는 점을 분명하고도 수시로 설명해줘야 한다.

끝으로 '있습니까?' 라는 단어는 과거보다 현재의 행동이 중요하다는 의미이다. 그렇다고 해서 과거를 무시한다는 뜻은 아니다. 다만 현재의 문제와 혼란의 근원이 과거에 있다기보다 현재에 있다는 관점이며, 비록 과거에서 비롯된 문제일지라도 충족되지 못한 욕구와 욕망은 현재이므로 현재의 시점에서 해결되고 충족되어야 한다는 시각이다. 그래서 과거의 경험을 이야기할 때에도 '언제, 어디서, 누구와 무엇을' 했는지 구체적으로 이야기할 필요가 있다.

'당신은 무엇을 하고 있습니까?' 라는 질문을 통해 상대방으로 하여금 자기 행동과 그 행동방향을 객관적으로 탐색하게 하는 작업은 일종의 거울 테크닉이라고 말할 수 있다. 당신이 직원들에게 거울을 보여주면서 그 거울에 비친 자기 모습을 본인 스스로 말하도록 하는 것이기 때문이다. 당신은 직원들의 잘못을 면전에서 직접 지적하면서 나무라는 것과, 본인 스스로 알아서 고치도록 하는 것 가운데 어느 것이 효과가 있다고 생각하는가. 분명한 것은 당신의 질문을 통해 그들은 스스로를 돌아볼 뿐더러 과거에는 생각지도 않았던 자기 행동의 면모를 바라본다는 점이다.

이 질문을 던질 때에도 주의할 점이 있다.

우선 질문은 구체적이고 정확해야 한다. 어느 특정한 시간에 했던 구체적인 행동들에 관해 이야기하고 그 결과가 어떠할 것인지에 대해서도 이야기를 나누도록 한다. 예컨대, 습관적으로 지각하거나 결근하는 사람이라면 그의 변명을 듣기보다 계속 지각하거나 결석할 경우 어떤 결과가 올 것인지를 묻는다. 만일 근무시간에 계속 떠들었다면 매일 45분 동안 떠드는 것이 어떤 결과를 초래할지를 물어본다. 물론 근무일에 있었던 특정한 사건에 대해서는 미리 상세한 방법으로 조사해 놓아야 한다.

그렇다고 해도 결코 비판적이어서는 안 된다. 사람들은 자신의 행동에 대한 탐색을 요구받을 때 방어적인 자세를 취할 때가 많다. 이때 비판적이거나 비난하는 뜻으로 받아들여진다면 오히려 반발과 저항할 것이다.

참고로 다음과 같은 질문을 던져도 된다.

"당신이 최근 가장 성취감을 맛보았던 때는 언제입니까. 그때 당신은 무엇을 하고 있었습니까?"

"당신은 그 상황에서 어떻게 행동하고 말했습니까?"

"그때 상대방은 어떻게 행동하고 말했습니까?"

"당신은 그 상황에서 어떤 생각과 느낌이 들었습니까?"

자신을 평가하기

상대방의 바람과 행동을 파악한 뒤에는 상대방으로 하여금 자신의 행동이 과연 문제 해결에 도움이 되는지를 스스로 평가하도록 한다. 여기서 평가란 행동의 옳고 그름을 점검해 보는 것이 아니다. 일반적으로 평가라고 하면 도덕적, 윤리적 기준에 맞추어 가치를 평가하는 것을 의미하지만, 여기서의 평가는 개인의 행동과 욕구와의 관계, 그리고 행동 선택의 결과를 점검해 보는 것이다. 이때 가장 핵심이 되는 부분은 본인 스스로 자신의 행동과 자신의 수행능력을 평가하게 한다는 점이다. 즉, 본인 스스로 원하는 것을 성취할 가능성과 자기 행동이 어떤 효과를 가져 올 것인지를 스스로 판단하거나 결심하도록 만드는 것이다.

질문하는 내용은 다음과 같다. 물론 앞에서 언급한 질문과 마찬가지로 특정한 사건이나 행동에 대한 것이어야 한다.

(1) 당신이 원하는 것은 현실적이거나 성취 가능한 것입니까?

이 질문을 통해 경영자나 관리자는 직원이 원하는 것이 현실적인지, 성취될 수 있는지를 본인 스스로 평가하도록 요구한다. 그 바람이 현실적인지, 실현 가능한 것인지를 논쟁하자는 것이 아니라는 점을 유의하라.

(2) 당신의 지금 행동이 당신에게 도움이 됩니까?

가장 기본적인 형태인 이 질문은 상대방의 행동이 그 자신에게 최대의 이익을 가져다주는 행동인지 아닌지를 따져보게 만든다. 현재는 물론이고 미래에까지도 자신을 가장 바람직한 방향으로 이끌고 간다고 믿는가에 대한 질문인 것이다. 이 질문은 또 상대방으로 하여금 자기 행동의 평가 혹은 그 평가기준이 문제 해결의 출발점이라는 사실을 인식하도록 해준다.

(3) 당신의 지금 행동이 다른 사람들에게 도움이 됩니까?

(4) 당신의 지금 행동이, 당신이 진정으로 원하는 것을 얻는데 도움이 됩니까?

이 물음은 상대방으로 하여금 자신의 최근 행동이 자신의 바람을 얻고 욕구를 충족시키는데 효과가 있는가를 스스로 살펴보도록 만든다. 이런 질문을 받으면 직원은 최근 자신이 하고 있는 구체적인 행동을 살펴보게 되고, 그 행동들이 자신이 원하고 추구하는 것들을 얻는데 도움이 되는지 안 되는지를 판단할 수 있게 된다. 언뜻 생각하기에 이 질문은 대단히 단순한 것처럼 들린다. 하지만 많은 사람들이 자신이 원하는 것과 행동을 연결시키지 못한다는 점을 고려하면 이 질문은 대단히 유용하다.

(5) 당신의 행동이 회사(조직) 규칙에 일치합니까 어긋납니까?

이 질문은 규칙을 위반하는 상대방으로 하여금 거울을 통해 자신을 보듯이 스스로 자신의 행동을 관찰하도록 해주는 효과가 있다. 앞서 설명했듯이 우리는 그 동안 감정이 행동의 근거, 동기의 근원이라는 가정에 얽매여 왔다. 그러나 인간이 가장 직접적으로 자기통제를 할 수 있다는 요소가 행동이라고 할 때, 거울에 비추어보는 것처럼 가끔 자기 자신의 행동 모습을 비추어보는 것은 매우 필요하고 중요하다.

여기서 한 가지 제안할 것이 있다. 이런 질문을 하면서 흔히 '회사 정책'이라는 표현을 쓰는데, '정책'이란 말을 들으면 대부분의 직원들은 자신의 판단이 자유롭지 못하다고 생각하여 외면하기 쉽다. 되도록 듣자마자 한쪽 귀로 흘려버릴 이러한 표현은 삼가는 게 좋다. 또 "도움이 되는가?" "정말인가?" 라고 묻지 마라. 어떤 식으로든 훈육의 의미가 담겨서는 안 된다.

(6) 당신의 행동이 받아들여질 수 있습니까?

이 질문은 직원의 행동이 비록 명시된 회사 규칙에 어긋나지는 않을지라도 일반적인 상식에 어긋나지 않는지를 스스로 평가하고 판단하게 하는 효과가 있다.

(7) 당신의 지금 행동이 회사의 목표 달성에 기여하여 궁극적으로 안정된 직장을 유지하도록 만드는데 도움이 됩니까?

오늘날 경쟁이 치열한 기업 환경에서 회사가 살아남으려면 고품질의 제품 생산과 질 높은 서비스는 필수적이다. 그러므로 이 질문을 통해 직원으로 하여금 자신의 행동이 질 높은 제품을 생산하거나 고객에게 질 높은 서비스를 제공하는데 도움을 주고 있다고 보는지, 또 회사에 이익을 주어 회사 발전에 얼마나 도움을 주고 있다고 판단하는지를 평가하게 한다.

(8) 당신이 세운 계획이 달성 가능하고 당신에게 도움이 되는 계획입니까?

이 질문에 앞서 당신은 상대방에게 "당신의 변화에 대해 어떻게 약속하겠습니까?" 라고 물을 필요가 있다. 상대방으로 하여금 문제를 해결하고 보다 나은 자기통제를 하는데 성실하게 노력을 기울이도록 만드는 질문이다. 이러한 질문은 상대방으로 하여금 책임감을 갖도록 하는 데에도 도움을 준다. 이 약속에는 앞서 바람을 탐색할 때처럼 다섯 가지의 수준이 있다.

① "나는 변화되고 싶지 않다. 이것은 내 문제가 아니다"고 한다면 문제를 받아들이지 않고 다른 사람에게 책임을 전가하는 유형이다.

② "변화로부터 오는 기쁨은 누리고 싶지만 노력하고 싶지 않다"고 한다면 계획은 기꺼이 세우지만 실행하기 위한 노력을 선택하지 않는 유형이다.

③ "노력해 보겠다"고 하면 성공할 수도 있고 성과가 없을 수도 있다는 점을 본인 스스로 허용하는 유형이다. 그러나 이 수준의 약속에는 적어도 변화하겠다는 열망이 표시되어 있고, 보다 높은 수준으로 올라갈 수도 있다는 점에서 일단 긍정적으로 평가할 만하다.

④ "최선을 다 하겠다"고 하면 변화에 대한 강한 갈망을 보여주는 것으로 동기 부여가 되고 있음을 나타낸 것이다.

⑤ "결과가 어떻게 되든 하겠다"고 하면 실패와 변명의 여지를 남겨두지 않겠다는 의사표시로서 가장 바람직한 약속이다. 모든 경영자, 관리자들이 목표로 삼아야 할 단계이다.

이와 같이 약속을 한 다음에는 본인이 세운 계획이 효과적인지, 욕구를 충족시킬 수 있고 실현 가능성이 있는 것인지를 평가하도록 한다. 즉, 상대방 스스로 설정한 계획이 도움이 되는가를 묻는다. 이 질문이 바로 평가 절차의 마지막 단계인 것이다.

평가하기의 사례

다음은 어느 대기업의 중간관리자와 경영자와의 대화이다. 패트라는 이름의 이 관리자는 회사의 중간 간부로서 해서는 안 될 행동을 자주 했고, 그 때문에 경영자가 이야기를 나누자고 청했던 것이다.

경영자 : 패트, 오랜만에 이렇게 단 둘이 이야기를 나누는군요. 그래 요즘 어떻게 지냅니까?

패　트 : 이 회사에 들어와서 일한 지도 벌써 반년이 지났습니다. 이젠 승진할 때도 되지 않았나요?

경영자 : 우리는 입사한 지 9개월이 되기 전까지는 그 누구도 승진시키지 않는답니다. 아무리 유능한 사람일지라도 규칙은 준수되어야 하지 않겠어요. 그렇다면 3개월 먼저 승진하고 싶다는 당신의 기대치가 과연 현실성이 있다고 생각하세요?

패　트 : 아니네요. 아무래도 기다려야 될 것 같습니다.

경영자 : 당신에게 얘기하고 싶은 점이 있어서 만나자고 했어요. 그 동안 보니까, 당신은 몇 번 일찍 퇴근하던데, 직원들도 당신의 그런 행동을 알고 있겠죠?

패　트 : 아마 알고 있을 겁니다. 하지만 저는 지난달에는 초과근무를 했습니다.

경영자 : 만약 당신이 계속해서 일찍 퇴근한다고 합시다. 회사 일을 처리하는데 어떤 영향을 가져올까요?

패　트 : 제가 해야 할 일을 다른 사람들이 대신해야겠죠.

경영자 : 일을 끝내는 데에는 어떤 영향을 미칠까요?

패　트 : 더 오래 걸릴 겁니다.

경영자 : 그렇습니다. 그럼 직원들에겐 어떤 영향을 미친다고 보세요?

패　트 : 중간 간부로서 나쁜 본을 보이는 셈인데, 아무래도 좋은 인상을 주지 않을 것 같네요.

경영자 : 나는 당신이 직원들 앞에서 회사에 대해 볼멘소리를 늘어놓는 것도 들은 적이 있습니다. 회사에 대해 불평하고 근무시간이 끝나지도 않았는데 일찍 퇴근한다면 당신이 기대하고 있는 승진에 영향을 미치지 않을까요?

패　트 : 도움이 되지는 않겠죠.

경영자 : 그럼 당신이 원하는 것을 얻으려면 어떻게 하는 것이 도움이 된다고 생각하십니까?

패　트 : 회사 규정을 잘 지키던 처음 상태로 돌아갈 필요가 있다고 생각됩니다.

경영자 : 나도 같은 생각입니다. 다시 한 번 확인하죠. 회사 규칙

에는 퇴근시간이 몇 시로 정해져 있습니까?

패 트 : 4시 45분까지 근무하기로 되어 있습니다. 어떤 직원이든 예외가 없다고 되어 있습니다.

경영자 : 당신도 알다시피, 회사 규칙에는 불평불만을 해서는 안 된다는 조항은 없습니다. 하지만 회사에 대한 불평이나 불만이 다른 직원들에게 영향을 주지 않을까요?

패 트 : 영향을 미칠 겁니다. 사기를 떨어뜨리고….

경영자 : 그렇다면 평사원이 아닌 중간관리자가 회사에 대해 불평한다면 어떤 영향을 미칠까요?

패 트 : 더 큰 영향을 미칠 겁니다. 업무 역시 질적으로 더 낮은 단계에서 이루어질 것입니다.

경영자 : 그럼 미래에는 어떻게 될까요?

패 트 : 분명 좋지 않은 미래가 될 겁니다. 말씀하신 것을 듣고 보니 아무래도 바꿔야 할 필요가 있군요.

경영자 : 바꾸는 것이 도움이 된다고 보십니까?

패 트 : 물론입니다.

경영자 : 그렇게 하겠다는 계획을 세울 수 있나요?

패 트 : 예, 할 수 있습니다.

경영자 : 정말 확고한 계획인가요?

패 트 : 예. 확실히 실천하겠습니다. 오늘부터라도 4시 45분까지 정확하게 근무시간을 지키겠습니다. 어떤 일이 있든지

꼭 지키겠습니다.

경영자 : 그건 너무 무리한 계획이 아닐까요. 좀더 현실적이고 실현가능한 계획을 세워 보세요.

패 트 : 그럼 지금부터 2주 동안만이라도 꼭 실천하겠습니다.

경영자 : 회사에 대한 불평은 어떻게 하겠습니까?

패 트 : 절대로 하지 않겠습니다.

경영자 : 절대로 하지 않겠다는 것은 무리한 계획이에요. 우선 며칠 동안만이라도 침묵을 지켜보세요. 1주일쯤 후에 다시 얘기하도록 하죠.

이 사례를 읽고 나서 무엇을 생각했는가. 이 사례에는 WDEP 체계의 모든 것이 들어 있다. 그 중에서도 다음의 두 가지 질문이 두 번째 단계인 '행동과 행동방향 탐색하기'와 깊이 관련되어 있음을 알게 될 것이다.

1. 당신은 무엇을 하고 있습니까?
   (혹은 당신은 어제 무엇을 했나요?)
2. 그 행동이 도움이 되었습니까?
   (당신의 행동이 효과적이었나요?)

중요한 것은 경영자나 관리자가 먼저 평가를 내리거나 판단하지 않고 직원 자신의 평가가 되도록 기술을 사용한다는 점이다.

물론 경영자나 관리자는 어떻게 하는 것이 효율적인가에 관한 자신의 견해와 판단을 갖고 있다. 하지만 자발적인 동기가 유발되도록 변화가 일어나려면 직원 스스로 내면적으로 자신을 평가하도록 가치 판단을 요청하는 것이 중요하다. 그리고 경영자, 관리자 본인들도 직원을 대하는 자신들의 특정행동, 일반적인 능력, 리더로서의 전문적인 성장에 대해 스스로 평가할 필요가 있다.

계획하기

상대방에게 "당신은 자신의 바람과 욕구를 충족시키기 위해 무엇을 할 것입니까?" 라고 묻는 것은 WDEP체계의 마무리 단계이다. 본인 스스로 자기의 욕구와 바람을 살펴보았고 그에 관한 행동방향을 탐색했으며 또 그것들을 평가했으니 만큼 이제는 자신의 바람과 욕구를 충족시키기 위해 무엇을 어떻게 할 계획인가를 물어야 할 것이다. 여기서 계획이란 상대방이 인간의 기본욕구, 즉 생존, 즐거움, 사랑과 소속감, 힘, 자유 등 다섯 가지 욕구가 충족될 수 있는 바람을 찾는 계획을 말한다.

이 질문은 언뜻 듣기에 당연하고 단순한 질문 같지만 그렇게 간단하지가 않다. 이 질문이 효과적이기 위해서는 몇 가지 전제조건이 있다. 통상 약자로 'SAMICC'라고 부르는데, 단순함*Simple*, 실현 가능함*Attainable*, 측정 가능*Measurable*, 즉시*Immediate*, 일관성*Consistent*, 조절 가능*Controlled*의 머리글자를 따온 말이다.

단순한 계획…복잡하지 않고 요령 있게

일반적으로 사람들은 자신의 감정에 대해서는 잘 파악하지만 자신의 행동에 대해서는 거의 알지 못한다. 따라서 자신의 행동에 대해 먼저 올바르게 인식할 필요가 있다. 그러려면 가급적 이해하기 쉽고 단순한 행동계획을 세워야 한다. 앞서 예시한 경영자와 중간관리자 패트의 대화를 예로 들면, 2주일 간 정시에 출퇴근하는 것과 얼마간 침묵하는 것이 여기에 해당된다.

실현 가능한 계획…현실적으로 실행할 수 있게

아무리 좋은 계획이더라도 실현되지 않으면 소용이 없다. 그러므로 계획은 당사자가 가진 힘의 정도에 따라야 한다. 경영자나 관리자의 눈으로 볼 때 하찮아 보이는 계획일지라도 개의치 마라. 아무리 사소하고 작은 계획이라도 본인 스스로 희망이 있다고 깨닫도록 돕는 계획이라면 그 계획은 앞으로 한 걸음 나아갈 수 있다는 의미에서 대단히 중요하다. 앞서 예시한 패트의 경우, 본인은 어떤 일이 있든지 무조건 4시 45분까지 근무하겠다는 계획을 세웠지만 경영자가 2주일 정도 실천해 보고 나서 다시 계획을 세우는 것이 좀더 현실적이라고 제안한 점에 유의하라.

측정이 가능한 계획…정밀하고 정확하게, 명확하게

측정이 가능하려면 먼저 구체적이고 명확해야 한다. '좀더 나아지기 위해' '좀더 잘하기 위해' 등 막연한 계획으로는 충분치 않다. 예를 들어, 당신이 비행기표를 구하기 위해 항공회사에 전화를 걸었을 때, 비행기가 언제 떠나는지를 물었다고 하자. 그때 항공사에서 "나중에 떠나요" 라고 말한다면 당신은 분명 "몇 시인가요?" 라고 물을 것이다. 자발적으로 동기가 부여되기 위해 세우는 계획인 만큼 분명하고 실행 여부가 측정될 수 있어야 한다.

즉각적인 계획…가능한 한 빨리 실행하라

기다릴 필요가 없다. 지금 당장 실천할 수 있는 계획이어야 한다. WDEP체계를 사용하는 경영자나 관리자의 기도는 "신이여, 나에게 순결을 주십시오. 하지만 아직은 아닙니다"는 성 어거스틴의 기도와 달라야 한다.

일관성 있는 계획…계속해서 반복하라

행동의 변화는 하루아침에 이루어지지 않는다. 아무리 좋은 계획이더라도 한두 번에 그친다면 하지 않은 것만 못하다. 계획이 중요하다면 그만큼 반복적으로 실행되어야 한다. 그러므로 경영자, 관리자들은 상대방이 자신의 인생에 대해 책임감을 가질 수 있도록 격려하고 힘을 키울 수 있도록 계획과 실행을 반복하게끔 도와줘야 한다. 위에서 예시한 패트 역시 매일매일 정시에 출퇴근하는 계획을 세웠다.

통제 가능한 계획…다른 사람과 무관하다

효과적인 계획은 전적으로 계획한 사람의 행동에 기초한다. 다른 사람들과는 무관하게 실천할 수 있어야 하고 계획을 세운 본인에 의해 관리되어야 한다. 왜냐하면 다른 사람의 활동을 전제로 한 계획은 자신의 힘을 다른 사람에게 전가시키는 결과를 가져오기 때문이다. 흔히 사람들은 배를 항해하는 선장이 아니라 승객이라는 생각을 갖기 쉬운데, 이럴수록 경영자, 관리자들은 계획이 본인 자신의 힘이나 성취 욕구에 초점이 맞춰지도록 노력할 필요가 있다. 위에서 예시한 패트의 경우, 당분간 침묵을 지키겠다는 계획을 세웠는데, 그것은 그 자신이 다른 사람들과 관계없이 주도적으로 세운 계획이다. 모든 계획은 오직 당사자의 선택에 달려 있음을 잊지 마라.

상대방이 계획을 세웠다면 경영자, 관리자들은 "그 계획이 어떤 욕구와 바람을 충족시킬 수 있습니까?" 라고 질문함으로써 상대방으로 하여금 본인의 욕구와 바람을 충족시킬 수 있도록 계획이 짜여져 있는가를 검토해야 한다. 그러고 나서 "당신이 확실히 하겠다는 표시로 악수할까요?" 라고 하여 재확인할 필요가 있다. 또 성공적인 다른 직원을 어떻게 생각하는지, 그들이 목표를 달성하기 위해, 그리고 일할 때 즐거움을 갖기 위해 어떻게 했는가를 물어보는 것도 좋다.

궁극적으로 계획이란 상대방 개인의 것이며 그들에 의해 실행되어야 한다. 계획을 강요하는 것은 '보스형 리더'나 쓰는 방법이다. 물론 경영자나 관리자가 제안하여 도움을 줄 수도 있다. 그러나 당사자 스스로가 세운 계획을 가지고 시작하는 것이 훨씬 더 실질적이고 효과적이다.

다시 강조하지만 WDEP체계는 직원들에게 동기를 부여함으로써 고품질의 생산, 질 높은 서비스를 유지하거나 증가시키는 방향으로 계획을 세우도록 돕는 기술이다. 행동을 변화시킴으로써 만족해하고 행복해질 수 있고 감정과 삶에 대해 더 많은 통제를 가할 수 있도록 돕는 것이다. 미국 심리학의 아버지라 불리는 제임스*William James*가 "우리는 행복하기 때문에 노래를 부르는 것이 아니다. 노래를 부르기 때문에 행복하다"는 말을 잊지 마라. 노래를 부르기를 선택하도록 돕는 기술이 바로 WDEP체계이다.

WDEP체계는 이해하기 쉽지만 연습이 필요한 기술이다. 좋은 이론이나 기술을 알고 있다고 해서 이루어지는 것은 아니다. 예컨대, 자동차에 대한 지식을 아무리 많이 갖고 있더라도 운전 경험이 거의 없다면 어떻게 되겠는가. 여러분은 이 책에서 실용적이고 실제적이며 현실적인 사례를 통해 WDEP체계를 충분히 자기 것으로 만들 수 있을 것이다.

친밀한 인간관계 만들기

효율적인 의사소통을 위하여

WDEP체계는 본인 스스로 자신의 업무 수행을 평가하고 바람직한 방향으로 행동할 것을 선택하도록 경영자나 관리자가 함께 진행하는 과정이다. 따라서 경영자, 관리자가 이 체계를 효과적으로 사용하려면 우선 상대방과 좋은 관계를 형성해야 한다. 당신의 진심 어린 마음과 솔직함을 통해 친밀한 관계가 형성되어 있지 않으면 상대방은 당신을 믿을 수 없고, 따라서 상대방을 돕고자 하는 의도가 전달되지 않는다. 상호간에 진실 되고 따뜻하고 관심 어린 관계가 형성되도록 노력하라.

흔히 경영자나 관리자들이 직원들과 너무 친해지면 직원들이 이를 빌미로 삼아 일에 태만할지 모른다고 우려하는데, 전혀 그렇지 않다. 유능한 리더는 자신이 우호적이면 아랫사람이 일을 보다 열심히 하고 맡은 일을 잘 하도록 설득하기가 훨씬 쉽다는 것을 알고 있다. 직원의 입장에서도 자기가 하는 일에 관심을 갖고 필요한 일만 시킬뿐더러 스스로 업무 평가를 하게 하는 상사를 좋아하지, 거드름을 피우거나 불친절한 사람을 좋아할 리 만무하다. 잘 모르고 서먹서먹한 관계보다 친구 같은 관계에서 서로를 위해 더 많은 일을 한다는 것을 잊지 마라. 그렇다고 해서 일부러 친밀감을 드러내려고 애쓰는 것도 역효과를 가져온다.

아무리 작은 문제가 생기더라도 직원들과 함께 문제를 풀어나가겠다는 자세를 취하라. 유능한 리더라면 조직이나 집단의 이익을 위해 모든 사람들이 함께 참여하는 환경부터 조성하고자 애쓴다. 그리고 당신이 문제를 해결하기보다는 직원 스스로 문제를 해결하는데 훨씬 더 많은 관심을 보여라. 직원 스스로 자신에게 무엇이 요구되고 있는지를 정확하게 알게 하라. 성공적인 리더는 솔선수범으로 구성원들이 품격 높은 행동을 하도록 가르치고 격려하고 도와줄 뿐만 아니라 성공에 대한 확신을 불어 넣어준다. 그에 대한 보답은 구성원들로부터 신뢰를 받고 있다는 기쁨이다.

친구와 같은 친밀한 관계를 형성하려면 먼저 그들의 이야기를 경청할 필요가 있다. 당신이 자신의 욕구나 바람을 중요하게 생각해주고 있고 그것을 충족시킬 수 있는 방법을 찾는데 도움을 줄 수 있는 사람임을 믿을 수 있게 해야 한다.

이야기를 나눌 때의 눈빛이나 얼굴 표정, 몸동작, 목소리 크기 등도 중요하다. 산만한 눈 맞춤은 근심, 거짓, 부끄러움, 나태, 당황 등 부정적인 감정표현 방법으로 해석되기 쉽다. 상대방을 빤히 바라보지 말고 이마나 입 혹은 볼 등에 눈길을 주면서 서서히 눈을 맞추고 진지한 관심을 드러내 보여라. 상대방과의 거리는 팔을 뻗어 닿을 수 있는 거리 정도가 좋다.

얼굴 표정은 당신이 전하려는 메시지와 어울려야 한다. 진지한 내용이라면 진지한 표정을 짓고 가벼운 내용이라면서 무거운 표정을 지어서는 오해를 받을 소지가 많다는 점을 잊지 마라. 안절부절하는 손동작, 왔다 갔다 하는 발걸음, 축 늘어진 어깨, 그리고 팔을 이리저리 휘젓거나 손가락질하는 모습 등은 분위기를 산만하게 만들 뿐이다.

목소리에도 정감이 있다는 사실을 잊지 마라. 만일 상대방이 알아듣기 힘들 정도로 부드럽게 말하는 습관이라면 때때로 자기 의사를 불확실하게 만드는 요인이 된다. 반대로 큰소리로 말하는 습관이라면 본의와 관계없이 공격적이 되거나 화를 내고 있다는 인상을 주게 된다. 또 말하는 속도가 너무 빠르면 신경질적이거나 공격적인 인상을 주고, 지나치게 더듬거리거나 머뭇거리는 말투는 메시지를 불확실하게 만든다. 크기와 속도, 음조와 억양 등을 적당하게 구사하면 자신의 감정을 올바르게 표현하는데 도움이 된다는 점을 유의하라.

핵심을 말하지 않고 빙빙 돌려서 말하는 사람도 있는데, 효과적인 대화를 위해서는 간결하게 요점을 말하는 자세가 대단히 중요하다. 자신의 의사가 잘못 전해지거나 받아들여지지 않을까 봐 두려운 나머지 머뭇거리다가 마음속에 품고 있는 생각을 똑바로 말하지 못하는 경우도 많다. 그러나 간접적인 의사표시는 분노, 분개, 마음의 상처 혹은 조롱당했다는 느낌처럼 대개 불만족스럽게 나타난다는 점을 기억하기 바란다. 좋은 의사소통은 좋은 인간관계를 만드는 첫 번째 과정이다.

항상 친절하고 예의바른 태도로 상대방을 대하라. 상대방이 효과적인 행동을 선택함으로써 문제를 해결할 수 있다는 확신을 갖게 해야 한다. 그러려면 당신 자신부터 유쾌하고 긍정적인 마음상태이어야 한다. 물론 유쾌하지 않은데 유쾌한 척 할 필요는 없다. 당신이 진취적인 성격이라면 진취적으로, 부드럽고 조용한 성격이라면 조용히게 하여 평소의 당신다운 태도를 잃지 말아야 한다.

이야기의 초점은 가급적 현재에 맞추고 과거에 대해 논하는 것을 피하라. 과거가 현재의 상황을 설명하는데 도움이 된다면 이야기해도 좋다. 무책임한 행동이었다면 그에 대한 변명은 허용하지 마라. 그렇다고 해서 비난하거나 판단해서도 안 된다. 바람직하지 않은 행동에 대해서는 그것이 본인의 행동 선택에 따른 당연한 결과이고 그 책임 또한 본인이 져야 한다는 점을 깨닫게 하는 것으로 충분하다.

문제의 최적의 해결자는 문제를 소유한 본인이다. 당신은 해결자가 아니라 상대방이 스스로 좋은 해결책을 발견해 낼 수 있도록 돕는 사람임을 잊지 마라.

해서는 안 되는 일

이제 경영자나 관리자들이 WDEP체계를 사용할 때 하지 말아야 할 점이 무엇인가를 살펴보자. WDEP체계가 효과를 거두려면 상대방으로 하여금 파괴적인 선택을 하지 않도록 해야 하는데, 아래에 제시된 일련의 행동들은 직원들로 하여금 최악의 선택을 하게 할 가능성이 높은 것들이다.

비판하기

흔히 좋은 의도를 가지고 잘못을 비판하는 것은 괜찮다고 여기는 사람들이 많다. 그러나 경영자, 관리자가 해서는 절대로 안 되는 일의 첫 번째가 바로 비판하는 일이다. 비판에는 건설적인 요소가 없다. 아무리 좋은 의도라고 해도 받아들이는 측에서는 비난으로 여기기 십상이다. 여기에는 말 외에 태도의 문제도 포함된다. 목소리의 톤, 경멸하는 눈초리, 무관심 또는 무성의한 태도 등은 모두 비판으로 받아들이기 쉽다.

누가 보든지 정말 형편없이 일한다고 생각되더라도 일에 대해서는 비판하지 마라. 업무가 제대로 추진되지 않을 때, 개인적으로 불러 작업방식을 지시하는 게 훨씬 효율적이라고 여길지 모르지만 이것조차 상대방은 비판으로 해석할 가능성이 높다. 비록 본인이 스스로 무엇인가 잘못되었다는 점을 느낄지라도 잘못에 대해 지적을 받으면 불쾌한 감정을 갖는 게 인간이다.

물론 비판을 하지 않는다는 것은 쉬운 일이 아니다. 우리는 비판하고 잘못을 들춰내고 화를 내는데 너무나 익숙한 세상에 살고 있다. 또 긍정적인 것보다 부정적인 것에 훨씬 더 많은 관심을 집중시키고 있다. 그렇다고 해도 결코 비판해서는 안 된다. 유능한 리더는 모든 구성원이 자신의 일을 본인 스스로 자유롭게 평가하도록 한다.

비판한다는 것은 옳고 그름의 문제가 아니다. 그것은 직원이 경영자나 관리자의 행동을 어떻게 지각하는가의 문제이다. 누구든지 자신을 비판하는 사람을 '좋은 세계' 안에 넣지는 않을 것이다. 자신의 '좋은 세계'에 들어 있지 않은 사람이라면 친밀한 관계가 될 수 없고 적대관계로 발전하기 쉽다. 그렇게 된다면 자연히 품질과 서비스의 질적 향상은 크게 저해될 것이다.

WDEP체계는 모든 직원들에게 똑같은 방법으로 접근하여 긍정적인 행동을 인식하게 하고 이것을 기초로 하여 보다 나은 선택을 할 수 있도록 도와주려는 것이 목적이다. 그러므로 잘못한 직원에 대해 직접적으로 비판하지 말고 "우리가 하고 있는 일 중에서 문제를 일으키는 것이 어떤 것인지를 찾아보자"라든가 "여기 문제가 있어 보이는데 우리 모두 이야기해서 함께 해결할 수 있는 방법을 찾아보자" 또는 "우리가 문제가 있다면 각자가 그 문제를 풀기 위해 무엇을 할 수 있는지를 알아보자"고 한다. '너'와 '나'가 아닌 '우리'를 강조하는 것이다.

논쟁하기

논쟁은 '내 생각이 당신 생각보다 낫다'는 사실을 전제로 하기 때문에 이것 역시 비판의 일종이므로 피하는 것이 좋다. 직원의 일하는 습관에 대해 논쟁한다는 것은 힘겨루기에 지나지 않는다. 그런 싸움을 벌인다는 사실 자체만으로도 경영자나 관리자로서 실패자임을 자인하는 셈이다.

비방하거나 헐뜯기

어떠한 경우에도 상대방을 비방하거나 헐뜯지 말아야 한다. 그 대신, 직접 당사자와 대화함으로써 실천에 옮겨야 한다. 당신이 해야 할 일은 문제의 해결이라는 점을 일관되게 말하는 것이다. 비방 또는 상대방을 고립시키면서 억누르거나 심하게 헐뜯는다면 문제를 확대시킬 뿐 문제 해결에 전혀 도움이 되지 않는다. 비록 상대방이 규칙을 어겨 징계를 받아야만 할 때라도 벌하지 않는 것이 직원을 납득시키는데 훨씬 효과적이라는 점을 잊지 마라.

변명을 받아들이기

경영자나 관리자들은 직원들의 변명을 받아들이지 않도록 조심해야 한다. 지각하는 사람이라면 흔히 '차가 막혀서', 업무를 제시간에 해내지 못한 사람이라면 '다른 부서에서 업무를 늦게 처리되는 바람에' '여러 가지 잡다한 업무 때문에' 등 자신의 행동에 대한 원인을 환경 탓으로 돌리는 경우가 많다. 이런 변명을 들을 때 당신은 '왜?' 라고 질문하지 마라. '왜?' 라는 질문에 대한 대답은 예외 없이 변명을 늘어놓는 결과만을 낳기 때문이다. 그리고 변명을 허용하는 태도를 취하면 문제에 대한 책임이 직원에게서 당신에게로 옮겨가게 된다.

사실 상대방에게 왜 실패했는지를 물을 필요도 없다. 우리가 어떤 행동을 취하든 그 순간에는 그 행동이 최선이라고 생각했기 때문에 하는 것이다. 그렇다고 해서 무조건 "왜?" 라는 질문을 피하라는 이야기는 아니다. 지적인 질문으로서의 "왜?"와 기술적인 질문으로서의 "왜?"를 구별해야 한다.

심리학자 애플게이트*Applegate*는 변명에는 '정당한 변명, 습관적인 변명, 사소한 변명' 등 세 가지가 있다고 했는데, 습관적이고 사소한 변명이 연속적으로 뒤따를 우려가 있을 때라면 "왜?" 라는 질문은 피해야 한다. 변명에 대해서는 이 장의 마지막에 다시 한 번 언급될 것이다.

두려움을 심어주기

위험에 대한 두려움은 적절한 것이라고 할 수 있지만 질적인 업무 수행을 동기화시키지는 않는다. 그것은 직원들의 업무 효율성을 떨어뜨릴뿐더러 본능적인 경쟁심을 불러일으킨다. 고품질의 생산이나 질 높은 서비스는 협동에서 만들어지고 협동이 존재하기 위해서는 신뢰가 있어야 하는데, 두려움을 심어준다면 모두가 함께 작업을 하는 분위기가 파괴될 것이다.

쉽게 포기하기

반항적이고 비협조적인 사람, 작은 일에도 곧잘 화내거나 냉담한 사람, 수동적인 사람, 그리고 마지못해 일하는 타입의 인물은 어느 조직이나 있게 마련이다. 대부분의 경영자나 관리자들은 이들을 포기하고 싶은 유혹을 느끼는데, 유능한 리더라면 그 누구도 포기하지 않아야 한다. 아무리 다루기 힘든 직원일지라도 절대 포기하지 않고 최선을 다한다는 이미지를 직원들의 '좋은 세계' 안에 넣도록 애쓴다.

끈기와 인내는 WDEP체계를 사용하는 리더의 특징이다. 경영자나 관리자들 중에는 장기적인 문제나 뿌리 깊은 관행조차 한 순간에 해결하기를 희망하는 사람이 많다. 그러나 유능한 리더는 WDEP체계를 반복적으로 사용하여 효율성을 단계적으로 높이는 지혜를 발휘한다. 일이 힘들게 되더라도 끝까지 매달린다는 것이 그들의 신조이다.

권장할 사항들

이번에는 문제를 소유한 직원이 만족하도록 도움을 주며 친밀한 관계를 더욱 발전시키기 위해 경영자나 관리자들이 유의해야 할 일이 무엇인지를 살펴보자.

누구나 알고 있듯이 사람들은 고객에게 진심으로 대하는 판매원을 좋아하며 그에게서 더 많이 사려는 경향이 있다. WDEP체계를 사용할 때도 마찬가지이다. 유대감과 우정, 신뢰감이 생겼을 때 의사소통의 효과가 높아진다. 따라서 경영자, 관리자가 먼저 직원들에게 긍정적인 관심을 기울여야 한다. 상담이나 심리치료에서도 긍정적인 관심은 필수적인 요소이다.

항상 예의바를 것

유능한 리더는 사람을 대하는데 모든 면에서 세련된 방식을 취한다. 상대방이 화를 내고 욕을 퍼붓고 언짢게 대할지라도 침착한 상태로 동요하지 않는다. 그리고 항상 친절하면서도 예의바른 태도로 일관한다. 사실 상대방이 화를 내는 행동은 당신에게 화가 나 있는 것이 아니다. 그것은 그 순간에 그가 선택할 수 있는 가장 손쉬운 방법의 하나일 뿐이다. 때문에 당신은 그가 화난 느낌을 갖도록 허용할 필요가 있다. 오히려 그것이 지속적인 우호관계를 형성하는데 도움이 된다.

항상 신념을 가질 것

신념이란 '해결할 수 있다'는 것을 의미한다. 우리의 모든 행동은 거의 언제나 선택되어진다. 그러므로 상대방에게도 보다 효율적이고 도움이 되는 행동의 선택이 가능하다는 신념을 갖도록 해야 한다. 또 효과적인 행동을 선택함으로써 그의 바람과 욕구가 충족될 수 있다는 확신을 갖도록 해야 한다. 그러려면 당신이 먼저 문제를 해결할 수 있다는 확신을 가져야 할 것이다.

항상 열성적일 것

상대방에게 긍정적이고 보다 나은 행동을 선택할 수 있다는 확신을 갖도록 해주는 것은 스포츠에서 응원단을 지휘하는 것과 다르다. 그것은 열의이고 열성이다. 열의는 경영자나 관리자들이 자신의 역할을 적절하게 유지하는데 절대로 필요하다. 일찍이 에디슨은 "우리가 후손들에게 단지 열의만을 물려준다고 할지라도 그것은 헤아릴 수 없을 만큼 가치 있는 유산을 남겨주는 것"이라고 말했다. 경영자나 관리자가 직원들을 만날 때는 유쾌하고 긍정적인 상태를 유지해야 한다. 당신 자신이 개인적인 고통으로 지쳐있으면 경영자, 관리자로서의 힘이 감소되기 때문에 WDEP체계의 효율성이 낮아진다.

항상 확고할 것

리더는 어떤 기준을 세우고 결정을 내리면 그 결과를 엄격하게 활용할 줄 알아야 한다. 확고부동한 자세는 리더에게 꼭 필요한 자질이다. 민주적인 방식이 곧 나약함을 의미하는 것은 아니다. 예컨대, 교통경찰이 교통법규를 위반한 사람에게 우호적이고도 침착하고 당당한 태도로 스티커를 발급하는 것은 그 법규가 합리적이기 때문이다. 일단 결정적이면서도 합리적인 규칙이 세워지면 어떠한 변명도 용납해서는 안 된다. 그렇다고 해서 상대방의 아픔에 대한 감정이입, 친절, 개방성 등을 부인하는 것은 아니다.

항상 진실할 것

유능한 리더는 정직하고 진실하게 사람을 대한다. 인간관계가 개방적이고 솔직할 때 정신적으로 건강해지고 삶의 질이 향상된다는 사실을 은연중에 가르치는 것이다.

질적인 것에 대해 논의할 것

유능한 경영자나 관리자는 질적 생산과 질 높은 서비스에 대해 직원들과 끊임없이 대화한다. 여기서 '질적'이란 단어의 의미는 무엇일까.

데밍은 저서 『새로운 경제학』에서 "누군가를 도와주고 기분 좋고 한결같은 거래를 즐기게 해주는 것"이 질적 생산이라고 정의했다. 글라써는 "먼저 좋은 느낌을 주어야 하며 언제나 현재의 결과에 만족하지 않고 발전지향적인 것"이라고 했다.

확실히 두려운 분위기에서는 질 높은 인간관계나 질적인 운영이 이루어질 수 없다. 따뜻하고 신뢰심이 담긴 좋은 느낌을 주어야 한다. 직원이 근무하는 환경이 자유감이든 성취감이든 소속감이든 즐거움이든 생존욕구를 채워주고, 그래서 기분이 좋다면 그 직장이야말로 질적인 환경이 되는 것이다. 경영자, 관리자로서 당신은 함께 일하는 직원들에게 좋은 느낌을 줄 수 있도록 직원들의 욕구충족 수단에 대한 배려를 해야 할 것이다. 목표를 달성하기 위해 의도적으로 개인의 희생을 강요하고 인격을 파괴해서도 안 된다. 제품의 질이나 질적 서비스는 구성원 모두 최선으로 노력한 산물이다.

질적 생산도 마찬가지이다. 좋은 기분이 질적 생산을 가져온다. 물론 좋은 기분은 제품의 질을 직접 높이는 원인이나 결과가 아니다. 그저 제품의 질을 높이는 과정에서 느끼는 기분일 뿐이다. 그러나 직원들에게 그 좋은 기분을 다시 경험하기 위해 제품의 질을 높이는 작업을 계속하도록 하는 동기를 유발시킨다. 그리고 마침내 제품이 질이 하나의 규범으로 자리잡으면 당신 역시 기분이 좋을 것이다.

질적인 것은 발전지향적이다. 현재의 결과에 만족하다 보면 안일해지고 나태해져서 더 이상의 성취를 얻을 수 없다. 그래서 현 상태에서 더 나아질 수 있는 방법을 추구하는 것이 높은 질을 추구하는 것이 된다.

경영자, 관리자들은 직원들이 스스로의 일을 끊임없이 평가하도록 도와주어야 한다. 그리고 지속적인 평가에 근거하여 작업의 질을 개선하도록 격려해야 한다. 즉, 질적 생산은 언제나 자기평가와 지속적인 개선의 산물이어야 하는 것이다. 만일 직원이 질을 개선시키려는 노력을 하지 않는다면 그것은 그만큼 대우를 받지 못한다고 여기기 때문일 것이다. 중요한 것은 질이 움직이는 목표물로서 하나의 여정일 뿐 목적지가 아니라는 점이다.

신뢰의 구축

신뢰는 당신이 믿고 있는 사람이 당신을 해치지 않을뿐더러 진심으로 당신의 바람과 욕구 충족을 생각하고 있다는 믿음이다. 즉, 신뢰는 공평하고 견실한 환경 속에서 구축되는 것이다.

여기서 공평하게 대우한다는 것은 모든 직원을 동일하게 대한다는 의미와 다르다. 커윈과 멘들러*Curwin and Mendler*는 『위엄 있는 가르침』이란 저서에서 "공평하다는 것은 사람들을 그들의 욕구에 근거하여 대우하는 것"이라고 정의했다. 의사가 모든 환자의 병을 똑같은 방법으로 치료하지 않고 그들의 신체 상태에 따라 다르게 치료한다는 점을 떠올리면 얼른 이해가 될 것이다. 당신은 직원으로 하여금 안정된 직장에서 제대로 된 처우를 받으며 자신이 생각하는 공정한 임금을 받고 노동을 통해 얻어진 이익을 공정하게 배당받고 있다는 확신을 갖도록 해야 한다.

이제 당신 자신을 한번 점검해 보자.

다음의 제안은 유능한 경영자, 관리자가 되려는 당신이 도전해 볼 만한 가치 있는 목표들이다. 물론 당신 자신뿐만 아니라 직원들에게도 허용할 수 있어야 한다.

효율적인 리더라면 모든 사람이 진정으로 원하는 것이 무엇인지를 알고 그에 맞게 대처한다. 즉, 자기 욕구를 충족하되 남의 욕구 충족을 방해하지 않고 언제나 유용한 것을 추구한다. 만일 상대방의 욕구 충족 행동과 충돌한다면 자신의 욕구를 방해하지 않는 한도 내에서 새로운 방법을 탐색한다.

- 나는 실수 인정을 두려워하지 않는다. 혹 실수가 있다면 즉시 정정한다.
- 나는 창의력을 개발한다.
- 나는 소속된 조직에 기여한다.
- 나는 질적 수준의 업무를 수행하고 욕구에 부응하는 내적 만족을 찾는다.

이제 당신 자신의 행동을 점검하고 몇 가지의 사례를 아래에 적어 보라. 당신은 WDEP체계를 효과적으로 사용하기 위한 토대를 마련하기 위해 보다 나은 방법을 생각해 낼 수 있을 것이다.

____

____

____

____

변명에 관한 또 다른 주의사항

다음 장부터는 WDEP체계를 적용시키기 위한 실제적인 사례가 제시되어 있다. 당신은 이 사례들을 읽으면서 어떤 변명들이 있는지, 그리고 경영자, 관리자가 어떻게 대처하고 있는지를 유의깊게 살펴보라. 물론 당신 자신도 경험이 있을 것이다. 집이나 회사에서 다음에 제시되어 있는 변명을 한두 번쯤 들은 적이 있을 것이다. 그때 그 어떻게 대처했는지를 잠시 생각해 보라.

"그 애가 먼저 때렸어요."

"내 숙제를 개가 망쳐버렸어요."

"누구나 술자리를 갖게 되면 늦게 됩니다."

"날씨 때문에 우울합니다."

"다른 사람들이 나를 화나게 해요."

"일 때문에 너무 스트레스를 받아요."

"새벽잠이 많기 때문에 늦었습니다."

아래 빈칸에 당신이 자주 하는 변명을 적어보자.

지나친 친절과 권위주의에 대한 대안

사례를 읽으면서 유의할 점

이제부터 여러분은 동기를 부여하기 위해 실제로 WDEP체계가 적용된 경우를 접하게 된다. 사례를 읽다보면 앞뒤 연결이 다소 껄끄러운 면이 있을 것이다. 이것은 필자가 말하고자 하는 내용과 관련이 없는 부분을 과감하게 생략시켰기 때문이다. 그리고 WDEP체계를 분명하고 확실한 방법으로 전달하기 위해 먼저 제대로 기술을 사용하지 못하는 권위주의적, 자유방임적 사례를 적은 뒤, WDEP체계를 활용한 사례를 제시했다.

한 가지를 더 지적한다면 사례에서 보여주는 행위 가운데 한두 가지는 일정한 타입을 벗어난다는 점이다. 즉, 권위주적인 스타일의 리더라고 해도 어느 순간, 특정한 사람이나 문제에 대해서는 자유방임적 스타일의 리더로 보일 수도 있다. WDEP체계를 능숙하게 사용하는 사람 역시 때로는 권위주의적이거나 자유방임적인 행동에 의존할 수도 있다. 그렇다고 해서 그가 보스형 리더라고 단정지을 수는 없을 것이다. 한결같이 일관성 있는 행동을 보인다는 것은 힘든 일일 뿐더러 현실적으로 그런 사람은 아주 드물지 않은가.

여기에 제시된 사례는 아주 일반적인 경우들이다. 혹자는 너무나 평범한 경우라고 하찮게 여길지 모르겠다. 어쩌면 요즘 세상에서 습관적으로 지각하거나 일찍 퇴근하고, 개인적인 일이나 고민으로 업무에 지장을 초래하고, 무리하게 승진을 욕심내는 경우는 거의 없을지 모른다. 그러나 이 책에서 필자가 여러분에게 전달하고자 하는 핵심은 WDEP체계의 효과적인 사용과 그것을 위한 의사소통 기술임을 유의하라.

더욱이 여러분은 선택이론, 특히 WDEP체계에 대해 처음 접할 것이기 때문에 가급적 평범한 사례를 위주로 삼았다. 아주 적은 지면으로 실제적이고 현실적이며 즉시 사용할 수 있는 유용한 기술을 가르치는 게 필자의 의도임을 이해해주기 바란다. 그리고 이러한 기술은 단지 직장에서만 적용되는 것은 아니다. 집에서 자녀를 양육할 때에도 도움을 받을 수 있다.(원서에는 등장하는 인물이 모두 실명으로 되어 있으나 우리나라 독자들의 이해를 돕기 위해 실제의 대화에서는 일반적인 단어로 바꿨다: 역자 주)

지나치게 잘해주는 리더

평소 일 솜씨가 좋고 성실하게 일해 왔던 직원(레슬리)이 언제부터인가 근무 성적이 좋지 않은 것으로 평가되었다. 일주일에 평균 이틀 정도 지각했고 그만큼 자주 일찍 퇴근하는데다가 근무시간에도 일을 열심히 하지 않는다. 관리자는 그의 업무능력을 잃고 싶지 않았다. 어느 날 관리자가 그를 불러 이야기를 나누었다.

관리자 : 요즘 힘든 일이 많은가 봅니다. 평소 하지 않던 지각을 자주 하고 일도 열심히 하지 않는 것 같은데, 오늘 그 문

제에 대해 이야기를 나눴으면 해서 보자고 했습니다. 우리 함께 해결할 방법을 찾아보기로 하죠.

직 원 : 죄송합니다. 앞으로는 주의하겠습니다. 아니, 더 잘하도록 노력하겠습니다. 사실 요즘 제가 좀 힘들답니다. 매일매일 해야 하는 일을 다른 사람들은 어떻게 해내는지 궁금합니다.

관리자 : 무슨 일이 있나요?

직 원 : 당신도 아시겠지만, 저는 얼마 전에 아내와 이혼했습니다. 그때부터 아이들을 보살피는데 정말 힘든 일이 한두 가지가 아닙니다. 도와주는 사람은 없고 아이들은 모든 것을 제게 의지한답니다.

관리자 : 모든 집안일을 당신 혼자 꾸려가려면 무척 힘들 텐데, 좀더 자세하게 말해줄 수 있나요?

직 원 : 익숙하지 않아서 정말 힘들답니다. 아내가 있을 때에는 집안일을 나눠서 했지만 지금은 모든 것을 저 혼자 할 수밖에 없답니다.

관리자 : 당신이 자주 지각하는 게 그것 때문인가요?

직 원 : 오늘 아침만 해도 그렇습니다. 저는 큰 아이를 다섯 번씩이나 깨워야 했습니다. 그 애는 밤늦게까지 컴퓨터를 하느라고 잠을 안 잤는지, 아무리 깨워도 일어나지를 않는 거예요. 그 바람에 통학버스를 놓쳐서 학교까지 데려다

줬답니다. 둘째 아이도 속을 썩이는 건 마찬가지입니다. 그 애는 운동을 하는데, 학교 코치가 아침을 많이 먹으라고 했다면서 아침마다 제대로 된 식탁을 차려달라고 졸라요. 바쁠 때는 대강 먹으면 좋을 텐데, 꼭 6시 30분에 제대로 식사를 할 수 있게 해달라는 거예요. 부엌일을 다시 배우고 있다는 생각까지 들 정도랍니다. 그 뿐만이 아닙니다. 숙제는 제대로 했는지, 책이나 과제물은 제대로 챙겼는지, 통학버스 시간에 늦지는 않았는지, 이것저것 신경을 쓸 일이 한두 가지가 아닙니다. 어쩌다 늦어서 버스를 놓치면 꼭 학교에까지 태워다줘야 하고, 그러다 보면 저는 회사에 지각할 수밖에 없답니다.

관리자 : 이야기를 들어보니, 정말 아침마다 힘든 시간을 보내고 있다는 생각이 드네요.

직　원 : 그렇습니다. 게다가 요즘에는 날씨마저 저를 힘들게 해요. 어떤 날은 도로가 얼어서 차가 꼼짝도 하지 않고 헛바퀴만 돌 때가 많아요. 저희 집은 큰길에서 좀 떨어진 막다른 골목에 있는데, 길이 얼어도 모래나 염화칼슘을 뿌리는 경우가 거의 없답니다. 그럴 때마다 회사에 지각할 수밖에 없죠.

관리자 : 그렇군요. 사실 도로 상태가 좋지 않을 때는 지각하는 사람들이 많죠.

직 원 : 이해해 주시니 고맙습니다.

관리자 : 하지만 당신은 다른 사람들보다 더 늦어요. 힘들다는 건 압니다. 나는 당신이 그 많은 일들을 혼자 감당해낸다는 게 정말 신기할 정도입니다. 하지만 사장님은 우리 부서 사람들이 지각하는 것을 아주 심각하게 생각하고 있습니다. 사장님은 내게 당신과 얘기를 하라고 말씀했는데, 당신의 말을 듣고 보니 어느 정도 이해가 가네요. 그렇다고 근무시간을 늦출 수는 없잖아요. 우리는 아침 8시부터 일을 시작해야 합니다.

직 원 : 잘 알고 있습니다. 하지만 요즘 제 형편으로 봐서는 매일 정시에 출근할 자신이 없네요.

관리자 : 글쎄요…. 물론 당신이 힘든 시간을 보내고 있다는 건 알겠어요.

직 원 : 혹시 예외를 인정해 줄 수는 없나요? 당신도 제가 능력이 있다고 말씀하셨잖아요. 저는 훌륭한 사원이 되고 싶습니다.

관리자 : 맞아요. 당신은 좋은 사원이고 나는 당신이 일하는 것을 계속 보고 싶습니다. 하지만 우리 회사에서 예외라는 것을 인정하지 않는다는 것은 당신도 잘 알고 있잖습니까.

직 원 : 근무시간을 탄력적으로 조절할 수는 없을까요. 많은 회사들이 그렇게 하고 있다고 들었는데, 우리 회사도 그렇

게 하면 여러 사람이 편하게 일할 수 있지 않을까요. 당신도 아시죠. A회사의 직원들은 10시까지 출근해서 오후 2시까지만 근무하고 나머지 시간은 개인적으로 조절해서 일한다는 것 말이에요.

관리자 : 그거 정말 좋은 생각이군요.

직 원 : 당신도 그렇게 생각하시죠. 사장님에게 말씀드려주세요. 그러면 정말로 고맙겠습니다. 다른 사람들도 고마워할 겁니다.

관리자 : 하지만 이미 경영진에서 그 문제를 논의했다고 들었어요. 하지 않기로 결정했답니다.

직 원 : 확실한 이야기인가요. 하지만 다시 한 번 논의할 수 없을까요. 혹 당신이 말씀드리면 재검토해 주지 않을까요. 그렇게만 되면 좋을 텐데….

관리자 : 다시 한 번 살펴볼게요. 확실히 결정된 사안이라고 기억되는데, 그래도 사장님에게 한번 물어보죠. 더구나 당신 말을 들으니, 아침에 지각하는 데는 그럴만한 사정이 있군요. 나 역시 당신과 함께 계속 일하고 싶어요.

직 원 : 이해해 주셔서 기쁩니다.

관리자 : 그럼 이번에는 왜 자주 일찍 퇴근하는지를 이야기해 볼까요?

직 원 : 거기에도 그럴 만한 사정이 있답니다.

관리자 : 어떤 사정이죠?

직　원 : 말씀드렸다시피, 아내가 없기 때문에 제가 아이들을 돌봐야 해요. 아이들이 하교하는 시간에 맞춰 데리러 가야 하거든요. 특별활동을 하느라고 통학버스를 탈 수 없답니다. 이렇게 말하면 너무 제 개인적인 사정만 봐달라는 말씀 같은데, 별달리 선택의 여지가 없는 게 저의 입장입니다. 이해하시죠. 어제는 이혼 문제로 변호사를 찾아가느라고 일찍 퇴근했어요. 시간을 바꿔달라고 말했지만 큰 법률회사인지라 예약들이 꽉 짜여 있다면서 바꾸기 힘들다고 하더군요. 할 수 없이 일찍 퇴근할 수밖에 없었어요. 그리고 무엇보다도 요즘 제가 무척 아프답니다. 이혼한 다음부터는 알레르기가 재발해서 병원에 다니고 있는 중입니다.

관리자 : 듣고 보니, 정말 힘들겠군요. 이제야 당신이 왜 일찍 퇴근하는지를 알겠어요. 하지만 그 회수를 최소화시킬 수는 없을까요. 당신이 좀더 노력하면 될 것 같은데….

직　원 : 예, 노력해 보겠습니다. 그렇더라도 아까 말씀드린 대로 근무시간을 탄력적으로 조절하는 문제는 사장님에게 말씀드려 주시겠죠. 저에게만 예외를 인정해 주시면 더욱 고맙고요.

관리자 : 그래요. 사장님에게 말씀드려 볼게요.

두 사람의 대화를 들으면, 이 관리자는 매우 친절하고 다른 사람의 어려움을 이해하려고 노력하는 사람임이 분명하다. 필자가 보기에도 그는 남의 말을 잘 경청하는 훈련을 열심히 받은 것 같다. 흔히 문제 상황에 빠져 있는 사람을 돕는다고 하면서 상대방의 말을 들어주는 대신 맞지도 않은 충고나 해결책을 제시하는데, 상대방을 진실로 도와주기 위해서는 먼저 그의 말에 귀를 기울여야 하고 스스로 문제의 해결책을 찾도록 해줘야 한다. 무엇보다도 자기 의견을 말하지 않으면서 상대방이 호소해온 메시지 뒤의 마음을 헤아려줘야 한다.

그러나 경청하는 것만이 문제를 해결하는 방법은 아니다. 그는 회사 경영진이 근무시간의 탄력적인 조절, 예외 인정 등에 관해 이미 결정을 내린 상태라는 것을 잘 알고 있다. 그런데도 레슬리라는 직원을 위해서 다시금 논의해 보겠다는 책임을 떠맡았다. 말하자면 그는 자유방임적인 스타일의 관리자이다.

그는 함께 일하는 동료로부터 인정받으려는 욕구나 '좋은 사람'이라는 평가를 듣고 싶다는 바람을 만족시키기 위해 경영자가 찬성하지 않을 비효과적인 결정을 하고 말았다. 게다가 레슬리라는 직원에게 '근무시간의 탄력적 조절, 예외 인정'이라는 그릇된 희망을 갖도록 부추기는 결과까지 가져왔다. 이러한 상담방식은 당면한 문제를 해결하는 것이 아니라 시간만 끌게 할 뿐이며 오히려 불편한 상황만을 만들어줄 뿐이다. 즉, '매일 정시에 출근해서 정해진 퇴근시간까지 근무한다'는 당연한 직업윤리를 어기는 사람을 만들어낼 뿐이다.

필자가 예상하기에, 이 관리자가 사장에게서 들을 답변은 뻔하다. 근무시간 조절은 하지 않기로 이미 결론이 났고 예외 또한 인정할 수 없다는 것이 회사 방침이라는 말을 들을 것이다. 어쩌면 사장은 규칙을 지키지 않는 직원을 옹호하는 관리자의 태도를 탓할지 모른다. 해결책은 간단하고 명료한데 괜히 시간만 질질 끌고 있다고 야단칠지도 모른다.

만일 사장이 원칙에 좇아 문제를 빨리 해결하라고 지시한다면 이 관리자는 어떻게 처신할까. 자신감을 잃을 것이고 자기 자신이 바보 같다거나 무력한 존재라는 느낌이 들 것이다. 그리고 레슬리라는 직원에게 사실대로 말하면 무척 실망할 것이라는 생각이 앞서서 그에게 사실대로 말하기를 주저할 것이다. 직원의 문제를 멋지게 해결해보겠다고 나섰지만 결과적으로는 관리를 잘하는 사람도, 멋진 사람도 안 된 셈이다.

더욱이 그는 비슷한 문제로 직원들과 상담하는 것조차 주저할지 모른다. 어쩌면 이런저런 구실을 붙여 대화하는 것을 피하려 할 것이다. 해낼 자신감을 상실했기 때문이다. 물론 모든 사람이 실패하는 것은 아니다. 전 국무장관 헨리 키신저*Henry Kissinger*는 중국과 수교할 때 멋진 왕복외교로 성공을 거두었다. 그러나 대부분의 관리자들은 키신저와 같은 사람이 아니다.

지나치게 권위주의적인 리더

이번에는 스타일이 다른 관리자와 레슬리라는 직원이 대화를 나누는 경우를 살펴보자. 이 관리자는 권위주의적 스타일이다. 한 마디로 참을성 없고 직원들은 월급을 받는 만큼 당연히 부여된 업무를 해야 한다는 점을 강조한다. 때로는 독선적이다 못해 주인 행세를 한다는 인상마저 풍긴다. 직원들로서는 그에게 고충을 털어놓으려 하지 않는다. 직원들의 어려움을 이해하려고 애쓰지도 않을 뿐더러 필요한 것을 요구해도 제때 해결해주지 않기 때문이다. 조그만 잘못해도 질책하고 새로운 아이디어를 제시해도 무시하기 일쑤다. 이런 관리자와 대화를 나누면 시작은 위의 경우와 비슷하지만 이내 분위기가 달라진다. 시간도 오래 걸리지 않는다.

관리자 : 당신 근무성적표를 보니까, 요즘 계속 지각하고 일찍 퇴근할 뿐더러 일도 제대로 안 하는 것으로 나와 있어요.

직　원 : 죄송합니다. 앞으로는 주의하겠습니다. 아니, 더 잘하도록 노력하겠습니다. 사실 요즘 제가 좀 힘들답니다. 매일 매일 해야 하는 일들을 다른 사람들은 어떻게 해내는지 궁금합니다.

관리자 : 그래요, 하지만 그건 당신 개인 문제잖아요. 먼저 정시에 출근하고 퇴근시간을 지키도록 하세요. 일도 열심히 하고…. 당신이 잘못한 것이니까 당신이 고쳐야 해요.

직 원 : 제 입장도 이해를 해주세요. 아시다시피 저는 얼마 전에 아내와 이혼했습니다. 그때부터 아이들을 보살펴야 하는데 힘든 일이 한두 가지가 아니랍니다. 도와주는 사람이 아무도 없거든요.

관리자 : 당신의 개인적인 문제로 내게 부담을 주지 마세요. 회사 출근 시간은 8시 15분이나 30분이 아니라 8시입니다. 또 퇴근시간은 오후 5시이고요.

직 원 : 물론 잘 알고 있습니다. 저는 늘 출근시간을 지키려고 최선을 다하고 있답니다.

관리자 : 그렇다면 지금보다 더 노력하세요. 당신도 회사 방침을 잘 알고 있잖아요. 예외라는 것이 없다는 것 말이에요. 만일 회사가 직원 개개인의 처지를 봐주기 시작하면 어떻게 되겠습니까. 엉망진창이 되지 않겠어요.

직 원 : 물론 이해합니다. 하지만 저로서는 어쩔 수 없는 사정이 있답니다. 초등학교에 다니는 두 아이를 뒷바라지하다 보면 제시간에 출근하기 힘들 때가 있어요. 오후에도 역시 아이들을 돌봐야 하고…. 물론 그런 일이 자주 일어나는 것은 아닙니다.

관리자 : 되풀이 말하지만, 당신 개인 문제를 회사 업무와 연결시키지 마세요. 그런 문제들은 회사 업무와는 별개의 문제입니다. 집안일은 집안에서 해결하세요. 우리 회사는 봉

사단체가 아닙니다.

직　원 : 제가 얼마나 힘든 처지인지를 들어보려고 하지도 않는군요. 가정이 편해야 회사 일도 잘한다는 말도 모르시나요. 모든 것을 제 개인의 잘못으로 돌리고 비난하는 말투가 정말 듣기 거북하네요. 당신은 다른 사람들에게도 이런 식으로 말합니까?

관리자 : 그건 당신이 상관할 일이 아닙니다. 나는 당신에게 당신의 일이나 잘하라고 말하는 겁니다. 그러니 그렇게 해요.

직　원 : 좋습니다. 노력해 보죠.

전쟁에서 지휘관이 전투 명령을 내리면 군인들은 적진을 향해 돌격한다. 죽음을 무릅쓰고 고지를 정복한다. 그러나 독재적이고 권위주의적인 지휘관의 명령이더라도 성공할까. 남북전쟁 당시 남군 사령관이었던 리*Robert E. Lee*나 1991년 걸프전의 영웅인 슈워츠코프*Norman Schwartzkopf*의 경우를 보면 답이 나온다. 인간적이고 민주적인 리더십의 지휘관만이 제대로 지도력을 발휘한다.

더구나 기업은 군대가 아니다. 직원들에게 무조건 '고지를 점령하라'고 지시를 내리면 그들은 이렇게 되물을 것이다.

"왜? 도대체 누가 그 고지를 점령하기를 원하지?"

그리고 이렇게 대답할 것이다.

"그 고지를 원한다면 당신이나 정복하시오."

"우리는 고지 점령에 관해 경영자와 얘기하고 싶습니다. 우리는 오늘 해야 할 다른 일들이 있습니다."

경영자나 관리자가 독재적, 권위적인 방식으로 직원들을 대한다면 그들은 마음을 닫을 것이고 적대적인 감정이나 반발심, 저항감만을 불러일으킬 뿐이다. 비록 자신에게 문제가 있더라도 애써 외면하려 하거나 부인할 것이다.

위의 사례에서 레슬리라는 직원이 "물론 그런 일은 자주 일어나는 것이 아니다"고 변명하고 "비난하는 말투가 듣기 거북하다. 다른 사람들에게도 이런 식으로 말하는가" 라고 반박한 것을 보면 알 수 있다. 게다가 그는 상대방에게 말해봤자 아무 소용이 없다는 결론을 내리고 "노력해 보겠다"고 하여 미온적이나마 복종하는 태도를 취했다. 물론 그는 마음이 내키지는 않지만 회사 방침에 따르려고 애쓸 것이다. 그러나 더 많은 에너지를 일에 집중하기보다 분노를 삭이는데 소모할 것이다.

강제적이고 강압적인 권위주의적 경영은 경영자나 관리자 자신에게도 아무런 도움을 주지 못한다. 예를 들어 건강이란 측면을 보자. 한 의료연구기관의 추정에 따르면, 현대인의 사망 원인은 심장병 54퍼센트, 암 37퍼센트, 뇌졸중 50퍼센트라고 한다. 흡연, 음주, 과식, 운동 부족에다가 엄격하고 완고한 권위주의적 생활태도가 보태진다면 개인적으로 얼마나 건강을 악화시키겠는가. 마음을 편하게 갖는 것이 장수 비결이라는 것은 동서양을 막론하고 공통된 결론이다.

거듭 말하지만 권위주의적 경영은 본인 자신을 위해서도 사라져야 한다. 직원들에게만 분노와 좌절감을 안겨주는 것이 아니라 본인의 성격에도 영향을 미친다. 이제부터라도 남의 잘못된 행동이나 실수를 보기보다는 좋은 점을 발견하려고 애써라. 공포심보다는 믿음을, 권위에 의존하기보다는 협동에 의존하는 자세를 가져라. "나는 …한다"가 아니라 "우리는 …한다"이며, '어떻게 할지를 알고 있다'가 아니라 '어떻게 할지 보여준다'는 리더십을 갖춰라. 남을 통제하고 지배하고 싶다는 욕구가 솟구칠 때마다 자신의 몸에 물어보라. 그것이 심장, 동맥, 정맥 등에 어떤 영향을 미치는지를 물어보라.

참여적이고 민주적인 리더

마지막으로 참여적이고 민주적인 관리자로서 WDEP체계를 사용하여 레슬리라는 직원과 상담하는 경우를 살펴보자.

이 사례를 읽으면서, 당신은 관리자가 레슬리라는 직원에게 어떻게 WDEP체계를 초점을 맞춰 사용했는지에 주의를 기울이기 바란다. 특히 비아냥거리거나 안타깝게 생각된다는 태도를 전혀 보이지 않으면서 참고 친절하게 접근하는 방법을 눈여겨보라. 또 이것저것 모든 문제를 다루기보다 한 가지만을 집중적으로 다루기로 선택했다는 점에도 유의해야 한다. 물론 시간적인 여유가 많다면 다른 문제도 함께 다룰 수 있을 것이다. 이 대화 역시 앞선 사례와 같은 방식으로 시작된다.

관리자 : 요즘 근무성적표를 보니까 당신은 요즘 자주 지각하고 일도 열심히 하지 않은 것으로 나와 있는데, 당신도 그것 때문에 짜증이 나겠죠. 무슨 문제가 있는 것 같은데, 우리 함께 그 일에 대해 이야기를 나눴으면 해서 보자고 했습니다.

직 원 : 죄송합니다. 앞으로는 주의하겠습니다. 아니, 더 잘하도록 노력하겠습니다. 사실 요즘 제가 좀 힘들답니다. 매일매일 해야 하는 일들을 다른 사람들은 어떻게 해내는지 궁금합니다.

관리자 : 말해 보세요. 현재 하고 있는 일이 마음에 듭니까?

직 원 : 아시겠지만, 저는 얼마 전에 아내와 이혼했습니다. 그때부터 아이들을 보살피는데 정말 힘든 일이 한두 가지가 아닙니다. 도와주는 사람은 없고 아이들은 모든 것을 제게 의지한답니다.

관리자 : 그것 때문에 힘들어한다는 것은 알고 있습니다. 한 가지 물어보고 싶은 것이 있는데, 당신은 승진하는데 관심이 있습니까?

직 원 : 물론 관심이 많습니다. 저는 열심히 일하려고 노력합니

다만 해야 할 일이 너무나 많아 힘들어요. 오늘만 해도 아침에 큰애를 다섯 번이나 깨워야 했거든요.

관리자 : 그래요. 내가 보기에 당신은 참 성실하고 훌륭한 사원입니다. 일도 정확하게 신속히 처리하고 다른 사람들과도 잘 지내고 있어요. 이런 것들은 승진하고 싶어 하는 사람에게 아주 중요한 자질인데, 당신은 이것 모두를 갖고 있습니다.

직 원 : 앞으로 더 열심히 노력하겠습니다.

관리자 : 나는 당신이 이 회사에서 승진하는 걸 보고 싶어요.

직 원 : 그렇게 말씀해 주시니 고맙습니다.

관리자 : 당신은 내가 진급 심사가 있을 때 당신 편이 되었으면 좋겠다고 생각합니까?

직 원 : 물론이죠. 저와 함께 일한다는 것이 불행하다고 생각하시는 건 아니겠죠?

관리자 : 그렇지 않아요. 내가 말하고자 하는 요지는 당신의 근무기록으로 봐서 당신에게 지지표를 던지기 어렵다는 점입니다. 하지만 나는 당신 편에 서고 싶어요.

직 원 : 제가 승진하는 걸 도와주시겠어요?

관리자 : 그럼요. 당신은 일을 참 잘해요. 그런데 문제는 시간을 낭비한다는 거예요. 혹시 낭비하는 시간이 얼마나 되는지 아세요?

직　원 : 잘 모르겠는데요. 하지만 그렇게 큰 문제라고는 생각되지 않네요.

관리자 : 여기 당신의 근무기록이 있습니다. 당신이 직접 보세요.

직　원 : 이번 달에 모두 다섯 번이나 늦었는데, 시간을 합치니까 2시간이 넘는군요. 일찍 퇴근한 날이 세 번 있었고 2시간 반 동안 일을 안했군요.

관리자 : 모두 합치면 얼마나 되나요?

직　원 : 4시간 30분이네요. 이럴 줄 몰랐습니다.

관리자 : 그걸 보니까 어떤 생각이 드나요?

직　원 : 제가 보기에도 좀 많은 것 같군요. 하지만 저는 정말 열심히 일하고 있습니다.

관리자 : 그래요. 내가 보기에도 당신은 아주 열심히 일했어요. 그래서 승진 이야기를 꺼낸 거예요. 다시 한 번 보세요. 그 기록을 보고 어떤 결론을 내릴 수 있을지….

직　원 : 상당한 시간을 허비했다는 생각이 듭니다.

관리자 : 만일 당신이 이번 달에 30분 더 늦고 앞으로 일년 동안 이런 식으로 계속한다면 연간 60시간을 허비한다는 계산이 나옵니다.

직　원 : 그렇게 많나요. 1.5주일에 해당되는 시간이네요.

관리자 : 회사 입장에서 그 정도를 감수할 수 있다고 생각됩니까?

직　원 : 무슨 말씀인지 알겠습니다.

관리자 : 나는 승진 심사가 있을 때 당신 편에 서고 싶어요. 하지만 당신이 이렇게 지각하고 일찍 퇴근한다면 내가 어떻게 당신 편에 설 수 있겠어요?

직 원 : 그렇겠네요.

관리자 : 다시 한 번 확인하죠. 당신이 허비하는 60시간이 승진하는데 어떤 영향을 끼칠까요?

직 원 : 전혀 도움이 안 될 겁니다.

관리자 : 만약 사장님이 오늘 당신에 관해 물어본다면 내가 뭐라고 말할 수 있을까요. 거짓으로 보고할 수는 없잖아요.

직 원 : 무슨 말씀인지 알겠습니다. 정말 지각하는 게 큰 문제이군요. 제 인생에 도움이 안 되네요.

관리자 : 그래요. 지각하는 건 승진하는 데에도 도움이 안 된답니다. 이렇게 생각해 보세요. 승진 심사에 당신과 또 한 사람이 후보자로 올라갔다고 합시다. 그런데 그 사람은 당신과 능력 면에서 비슷하지만 시간관념이 정확하고 지각이나 조퇴 등으로 시간을 허비하지 않았다고 합시다. 그렇다면 누가 승진할 것 같습니까?

직 원 : 저는 확실히 아니군요.

관리자 : 당신이 지각하고 또 근무시간보다 일찍 퇴근하는 게 다른 직원들에게 어떤 영향을 줄 것 같습니까?

직 원 : 드러내 놓고 말하진 않겠지만 좋아하진 않을 겁니다.

관리자 : 당신이 허비하는 그 시간이 업무엔 어떤 영향을 줄까요.

직 원 : 일이 늦어지고 다른 사람들이 대신 해야 할 겁니다.

관리자 : 그래요. 아무래도 이 문제는 해결해야겠죠?

직 원 : 네. 저도 그렇게 생각합니다.

관리자 : 당신은 이 문제를 해결하기 위해 무엇인가를 할 수 있겠습니까?

직 원 : 아마 할 수 있을 겁니다.

관리자 : 분명한 대답이 아니군요. 확실하게 말해주세요. 할 수 있다는 말인지 아닌지를….

직 원 : 확실히 할 수 있습니다.

관리자 : 그럼 이번 주엔 뭘 할 겁니까?

직 원 : 노력하겠습니다.

관리자 : 나도 당신이 노력할 것이라고 믿습니다. 하지만 내가 원하는 것은 실제로 그렇게 하느냐 하는 점입니다.

직 원 : 알겠습니다. 오늘부터 하겠습니다.

관리자 : 어떻게요?

직 원 : 8시에 출근해서 오후 5시까지 근무하겠습니다.

관리자 : 정시에 출근하고 하루 종일 자리에 있기 위해서 뭘 하시겠습니까?

직 원 : 아침마다 집에서 할 일과 오후에 이미 예정되어 있는 약속을 다른 날로 옮기겠습니다. 토요일을 포기하고 싶지

는 싫지만 아무래도 토요일로 바꿔야 할 것 같습니다.

관리자 : 승진 문제는 어쩌죠? 승진 심사가 있을 때, 내가 당신을 추천하기 쉽게, 당신은 뭘 하겠어요?

직 원 : 말씀하시는 뜻은 알겠습니다. 승진하려면 반드시 바꿔야 하겠군요.

관리자 : 당신 스스로 책임지고 시간을 어떻게 관리할지를 고려해서 바꾸도록 하세요. 보다 효과적인 시간계획을 짜보는 것도 한 방법이 될 것입니다.

직 원 : 알겠습니다. 이제부터는 정시에 출근해서 제시간에 퇴근하겠습니다.

관리자 : 우선 일주일 동안 그렇게 하기로 나와 약속하는 것이 어떻습니까?

직 원 : 좋습니다.

관리자 : 그래요. 나는 승진 심사에서 당신을 추천할 수 있으면 좋겠어요. 내 말을 듣고 그렇게 하겠다는 당신의 뜻이 고맙습니다. 일주일 뒤에 다시 이야기합시다.

이 사례에서, 관리자는 레슬리라는 직원으로 하여금 승진이라는 뚜렷한 목표를 가질 수 있도록 도와준다. 그리고 그가 지각하고 근무시간을 낭비하는 자신의 행동을 스스로 평가하도록 도와준다. 평가의 기준은 다음과 같다.

○ 당신이 지금 하고 있는 것은 당신이 진정으로 원하는 것을 얻는데 도움이 됩니까?
"승진할 기회에 나쁜 영향을 끼칩니다."

○ 당신의 지금 행동이 다른 사람에게 어떤 영향을 미칩니까?
"동료들이 좋아하지 않습니다."

○ 당신의 지금 행동이 업무에는 어떤 영향을 줍니까?
"업무가 지연됩니다."

○ 당신의 지금 행동이 회사에는 어떤 영향을 줍니까?
"전혀 득이 되지 않는 일입니다."

사례에서 보듯이, 레슬리라는 직원은 마침내 현실적이고 성취 가능한 계획을 세웠다. 그러나 관리자는 '노력해 보겠다'는 정도의 답변에 만족하지 않았다. 그가 계획한 바를 반드시 실행하겠다는 다짐을 받아낸 것이다. 이는 WDEP체계의 마무리 단계인 구체적이고 현실적인 계획 세우기에서 필요한 '단호함'이다.

위에서 필자는 시간적 여유가 있다면 관리자는 여러 문제를 함께 다룰 수 있다고 했다. 이 사례와 관련지으면 다음과 같은 문제들을 다룰 수 있을 것이다.

① 지금까지 이룬 성공과 시의적절하고 효과적인 방법으로 완수한 계획을 다시 검토하기

② 정시에 출근할 수 있도록 아침 일과를 좀더 구체적으로 짜는 것을 도와주기

③ 승진하기 위해 근무자세를 어떻게 바꿔야 할지 상세하고 정확하게 이야기하기

이밖에도 당신이 관리자로서 레슬리라는 직원과 토론하고 싶은 점이나 논의하고 싶은 방향이 있다면 아래에 적어 보라.

④ ____

____

⑤ ____

____

⑥ ____

____

⑦ ____

____

⑧ ____

____

한 가지를 덧붙인다면 위의 사례가 완벽한 모범답안은 아니다. 알아보면 다른 길도 있고 좀더 탐색하여 알게 된 사실을 기초로

상담할 수도 있다.

그러나 상대방으로 하여금 자신의 문제가 무엇인지를 스스로 인식하도록 했고, 두 사람의 대화가 문제를 해결하기 위한 전략을 공식화하는 자리임을 확신시켰다는 점에서 이 기술은 대단히 유용하다. 실제로 관리자가 비강압적인 문제해결 환경을 만드는데 성공하면 할수록 근로자들이 먼저 문제를 들고 와서 관리자와 상의하고 싶어 한다. 그 효과는 관리자가 문제를 제기하는 것보다 훨씬 좋을 것이다. 문제를 해결하는데 개방적인 환경을 만드는 것이야말로 유능한 리더가 해야 할 일이다.

한 순간에 사람을 변화시킬 수 있을까

흔히 사람들은 잘한 일에 대해서는 적절한 보상을, 잘못한 일에 대해서는 건설적인 질책을 해야 한다고 말한다. 경영학에서도 임파워먼트*Impowerment*라고 하여 칭찬과 격려, 인격 존중, 신속한 피드백, 정당한 보상, 비전 제시 등으로 직원들의 마음의 에너지를 충전시켜야 한다고 강조한다. 보상할 때는 외적 보상보다 내적 성취감이나 개인의 발전 등을 활용한 보상을, 잘못에 대해서는 학습의 기회로 전환할 수 있도록 건설적인 질책을 제시할 것을 요구한다.

그러나 곰곰이 생각해 보자. 과학기술이 고도로 발달하여 작은 단추 하나를 조작하는 것으로도 일할 수 있는 현대사회에서 과연 보상이나 처벌이라는 단추를 누르기만 하면 사람이 변할까. 물론 상대방이 무엇인가 성취했을 때 칭찬할 수 있고 그것이 상대방에게 긍정적인 영향을 끼칠 수는 있다. 또 잘못에 대해 질책하면 반성하는 계기를 주게 된다. 그러나 문제를 안고 있는 사람에게 칭찬하면 상대방은 자신이 있는 그대로 수용 받지 못한다고 느끼거나 칭찬하는 말이 아첨 또는 말하는 사람의 의도대로 교묘히 조종 받는 느낌을 받을 우려가 있다. 질책 역시 의기소침해지고 오히려 사기를 떨어뜨릴 가능성이 높다.

분명히 순간적인 칭찬이나 질책은 효과가 있을 수 있다. 하지만 직원들이 보다 더 열심히 효과적으로 일하도록 동기화시키려면 그의 바람과 욕구, 현재 자신이 어디로 가고 있는지를 스스로 탐색, 평가하도록 하고 욕구 충족을 위한 구체적이고도 현실적인 계획 또한 자신이 세우고 실천하도록 해야 한다. WDEP체계는 바로 이러한 과정을 전개해 나가는 기술이다.

칭찬이나 질책만으로는 부족하다는 사실을 다음의 사례에서 살펴보자. 여기에 등장하는 이 대리는 입사 5년의 경력사원이다. 그는 반년 전까지만 해도 회사에서 정열적으로 일하고 매사에 철저한 초급 간부사원으로 정평이 나 있었다. 그런데 반년 전부터 왠지 모르게 일의 능률이 현격하게 떨어졌다. 소극적인 태도, 무관심, 집중력 부족, 그리고 사소한 일조차 제대로 마무리 짓지 못하는 모습이 자주 눈에 띄었다. 이번에는 경영자가 직접 나섰다.

경영자 : 이 대리, 요즘 일하는 모습을 보니까 예전과는 무척 다른데, 최근 몇 달간 작업 실적이 계속 떨어지고 있어요. 내 말이 맞죠?

대　리 : 아닙니다. 전 지금까지 해왔던 것과 똑같이 일하고 있다고 생각합니다.

경영자 : 그렇지 않아요. 여기 근무성적을 보세요. 전에는 당신 부서에서 하루에 제품 10개를 생산했지만 지금은 7개밖에 안 되잖아요. 생산 실적이 좋아져야지 나빠지는 것은 용납할 수 없는 일이 아니겠어요. 이제부터라도 다시 옛날 실적으로 되돌아갈 수 있겠어요?

대　리 : 저는 실적이 그렇게 저조한 줄 몰랐습니다.

경영자 : 하지만 나는 당신이 마음만 먹으면 잘할 수 있다고 믿어요. 전에 잘했던 것처럼 말입니다.

대　리 : 잘 알겠습니다. 하지만 쉽지는 않겠네요.

경영자 : 당신은 해낼 수 있어요. 나는 당신을 믿어요. 2년 전에는 12개까지 생산해냈잖아요. 그러니 10개는 충분히 해낼 수 있을 겁니다. 난 당신이 최선을 다해서 일하고 싶어한다는 것을 알고 있어요.

사례에서 보듯이, 경영자는 직원의 사기를 꺾지 않으려고 했다. 생산실적 저하를 탓하기보다는 오히려 격려해주려고 애쓰는 모습이 신선하다. 물론 이러한 대화가 나쁜 것은 아니다. 필자가 보기에도 효과를 거둘 가능성이 높다. 그러나 이러한 방식이 문제를 소유하고 있는 직원들에게 최선의 해결책이라고 생각한다면 그것은 실수이고 오산이다. 이 대화는 시작일 뿐 의사소통은 한층 더 심화되어야 한다.

이번에는 WDEP체계를 사용하는 경영자가 이 대리와 상담하는 경우를 생각해 보자.

경영자 : 이 대리, 갑자기 보자고 해서 놀랐죠.

직　원 : 혹 제가 무슨 잘못을 했나 싶었습니다.

경영자 : 그래요? 왜 그런 생각이 들었을까요?

직 원 : 글쎄요.

경영자 : 이 대리가 잘못했다는 것이 있어서 부른 것은 아닙니다. 내가 보기에는 요즘 이 대리는 예전과 많이 달라요. 일할 때도 별로 신바람을 내는 것 같지 않고 동료들과도 잘 어울리지 않는 것으로 보입니다. 다소 산만한 것 같기도 하고요.

직 원 : 하긴 요즘 일이 다소 지겹게 느껴집니다. 때로는 다람쥐 쳇바퀴 도는 일을 하고 있다는 생각이 들기도 한답니다. 매일 똑같은 일을 반복하니까요. 어떤 때는 어린애도 할 수 있는 일을 하는 게 아닌가 싶을 때도 있습니다.

경영자 : 솔직하게 말해줘서 고마워요. 당신 말대로 일하는 것이 고역처럼 생각된다면 나부터라도 계속하기가 쉽지 않을 것입니다. 바쁘겠지만 그 점에 관해서 잠시 이야기를 나눠볼까요. 우선 지난주의 A회사 납품 건에 관해 이야기를 해봅시다.

직 원 : 아, 그 일이요. 그때는 정말 시간을 맞추느라고 무척 고생을 했답니다. 관련 부서에서 자료가 오지 않는 거예요. 영업부서에서 자료가 와야 할 텐데 전혀 오지 않았어요. 그들에게 무슨 문제가 있는지 모르겠어요. 그리고 회계부서에서 보내온 데이터를 보니까 엉망이더군요. 늦게

보내 온데다가 오류투성이예요. 아무리 해도 숫자가 맞지 않아요. 바쁜데 그런 것까지 신경을 써야 하니, 답답한 노릇이죠.

경영자 : 고생했겠군요. 그런데 당신이 관련 자료들을 보내달라고 요청한 것이 아닌가요.

직　원 : 물론 영업부서에는 보내달라고 연락을 했습니다.

경영자 : 그리고 난 다음은요?

직　원 : 기다렸습니다. 보내달라고 말했으니까요.

경영자 : 회계부서에는 어떻게 했습니까?

직　원 : 그들은 내게 자료를 보내야 한다는 걸 알고 있었을 겁니다. 그러니까 기다렸죠.

경영자 : 나는 당신의 문제 해결을 돕고자 하는 것이지 당신을 질책하기 위해 만나자고 한 게 아닙니다. 그래서 묻는 것인데, 그들이 자료를 보내줄 때까지 기다린 것이 당신의 일에 도움이 되었습니까?

직　원 : 자료를 제게 보내줘야 하는 것은 그들이 해야 할 일이 아닌가요?

경영자 : 물론 그렇습니다. 하지만 자료를 보내줄 때까지 기다린 것이 당신의 능력을 최대한 발휘하는데 도움이 됐는지를 묻는 것입니다.

직　원 : 글쎄요. 별로 도움이 되지 않았겠네요. 제가 자료를 보내달라고 나섰어야 했을 겁니다.

경영자 : 만일 똑같은 상황이 벌어진다면 어떻게 하시겠습니까?

직　원 : 이번 일을 경험 삼아 그들에게 자료를 보내달라고 요구하겠습니다.

경영자 : 그렇게 하겠다는 계획을 세울 수 있습니까?

직　원 : 물론입니다.

경영자 : 그 계획이란 게 뭐죠?

직　원 : 뭐, 전화를 걸어서 보내달라고 말해야겠죠.

경영자 : 그걸로 충분할까요?

직　원 : 아, 잊을 수도 있으니까 문서로 하는 게 좋겠군요.

경영자 : 내 생각도 같습니다. 하지만 형식에는 구애받지 않는 것이 좋을 것 같군요. 간단한 메모 형식이면 어떨까요. 그들로 하여금 잊지 않게끔 만들면 되지 않겠습니까. 그럼 언제 할 거죠?

직　원 : 신청서를 받는 대로 바로 하겠습니다.

경영자 : 혹 그 계획을 실천하는데 추가시킬 점은 없나요?

직　원 : 무슨 말씀인지 잘 모르겠습니다.

경영자 : 예를 들면, 당신이 얼마나 빨리 자료를 원하는지를 그들에게 전하는 것 같은 계획 말입니다.

직　원 : 아, 그 말씀이군요. 하더라도 보다 철저를 기하라는 말씀이군요. 아무래도 그들이 마감 시간을 지킬 거라는 가정은 하지 말아야겠군요.

경영자 : 맞습니다. 계획대로 하시겠습니까?

직 원 : 예.

경영자 : 오늘 이 대리를 만나자고 한 것은 A회사 납품 건에 관해 얘기하려고 한 게 아닙니다. 앞서 내가 말한 것처럼, 당신의 일과 경력에 관해 이야기를 나눠보고 싶습니다.

직 원 : 잘 모르겠습니다. 솔직히 말씀드려서 어느 방향으로 가야할지 결정하기가 어렵습니다.

경영자 : '결정'이라고 하면, 당신이 무엇을 원하는지 확실하지 않다는 말처럼 들리네요?

직 원 : 그렇습니다.

경영자 : 일에 대해 관심이 없습니까?

직 원 : 글쎄요. 좀 지루한 것 같습니다.

경영자 : 내가 보기엔, 당신이 무엇을 이루어야 할지 뚜렷한 목표를 확실하게 정하지 못한 게 아닌가 싶은데….

직 원 : 아마 그럴 겁니다.

경영자 : 누구든지 낯선 도시에 갔다가 길을 잃으면 주변 경치를 둘러보고 싶은 마음이 안 생기는 법이죠. 당신도 가려고 하는 방향이 확실하지 않으니까 일에 흥미를 느끼지 못하는 것은 아닐까요.

직 원 : 예, 맞습니다.

경영자 : 솔직하게 말씀해 보세요. 지금 하는 일이나 당신의 삶에 대해 얼마나 만족하고 있는지…. 지금 여기 앉아 있는 이 순간은 어때요?

직 원 : 전혀 만족스럽지 않아요. 재미가 없습니다.

경영자 : 그렇다면 당신 자신을 위해서 바꿔보고 싶다는 생각은 들지 않나요?

직 원 : 그런 점에 대해서는 별로 생각해 보지 않았습니다. 다만 업무가 지겨워질 것이라고 생각하고 있습니다.

경영자 : 그러다가 일이 재미있어지면 어쩌죠? 한번쯤 목표를 세워보는 것은 어떨까요. 나는 당신이 이 문제에 대해 좀 더 심각하게 생각해 봤으면 좋겠다는 생각이 듭니다. 지금 방식대로 간다면 1년이나 5년 후의 당신의 모습은 어떨까요?

직 원 : 그런 생각을 해본 적이 없습니다.

경영자 : 그래요. 그럼 보다 근본적인 질문을 하죠. 우리 회사에서 계속 일하고 싶나요?

직 원 : 그것도 확실하지 않습니다. 가끔 변화가 필요하다는 생각이 들 때가 있습니다.

경영자 : 나는 당신이 일하는 자세를 바꾸고 우리 회사에서 계속 근무하기를 바랍니다. 사실 당신과 같은 심정일 때 가장 쉽게 할 수 있는 일은 직업을 바꾸는 것이죠. 하지만 나

는 당신이 계속 우리 회사에서 일하기를 바라요. 어때요, 한번 부딪쳐보는 게….

직　원 : 도와주셔서 감사합니다.

경영자 : 이제부터라도 두 가지를 생각해 보세요. 여기서 내가 정말 일하고 싶은가, 그리고 내가 지금과 같은 방식으로 계속 일을 한다면 어디로 갈 것인가 라고 말입니다.

직　원 : 말씀하신대로 깊이 생각해 보겠습니다.

사례에서 보듯이, 경영자는 A회사 납품 건이라는 표면적인 문제 밑바닥에 깔려 있는 이 대리의 권태가 어디서 비롯된 것인가를 파악하려 애쓰고 있다. 생각해 보면, 이 문제는 아마도 대부분의 샐러리맨들이 공통으로 안고 있는 문제일지 모른다. 이 사례의 핵심은 다음과 같다.

○ 이 회사에서 계속 일하고 싶습니까?(바람 탐색)

이 대리는 자신이 무엇을 원하는지를 확실하게 파악하고 있지 못하다. 그러나 그는 이것에 대해 생각해 볼 것을 약속한다. 경영자 자신도 이 대리에게 본인이 원하는 바람, 즉 같이 일하고 싶다는 바람을 이야기한다.

○ 지금 무엇을 하고 있습니까(행동 탐색)

이것 역시 이 대리는 불확실하다. 다만 지겹다는 생각을 갖고 있고 1년이나 5년 후를 전혀 생각하지 않고 있다. 경영자는 이 문제를 깊이 고려해 볼 것을 요청한다.

○ 다른 부서에서 자료를 보내줄 때까지 기다리는 것이 당신에게 도움이 됩니까?(평가)

이 대리는 그렇지 않다고 판단한다.

○ 만일 똑같은 상황이 생기면 어떻게 하시겠습니까?(계획하기)

이 대리는 먼저 전화를 걸어서 자료를 달라고 요청하겠다고 했다. 그리고 그것만으로는 부족하다는 점을 깨닫고 문서 형식으로 보내고 적극적으로 자료를 챙기겠다고 했다.

이 사례의 목적은 유용한 계획들 중에서 가장 실현 가능한 계속 수립이 어떻게 진행되는지를 보여주는데 있다. 따라서 절차들은 정확한 순서대로 진행되는 것이 아니라 약속을 받아내는 단계로 점차적으로 진행되도록 얽혀져 있음에 유의하라

끝으로 이 대화에는 숨겨진 다른 평가 질문들이 있다. 이번에는 당신이 찾아서 아래에 적어보기 바란다.

____

____

____

____

____

'당신은 지금 무엇을 원합니까?' 라는 질문은 상대방의 바람이나 욕구를 탐색하는 것 이상의 의미가 포함되어 있다는 점을 잊지 마라. 여기에는 질문을 하는 본인 자신의 것도 포함된다. 상대방이 원하는 것을 찾고 그것을 실현하기 위해서는 대안을 제시하는 것도 필요하기 때문이다. 특히 대안을 제시할 때는 상대방의 생각이 틀렸다거나 쓸데없다는 식으로 비판하거나 비평해서는 안 된다. 비평 없이 상대의 행동을 서술하고 나의 느낌을 설명하는 것이 좋다. "나라면 …해보고 싶다"라든가 "내가 그 입장이라면 …할 수도 있을 것 같다" "…해보는 것은 어떨지 궁금하다"는 식으로 말하라.

WDEP체계를 사용하는 첫 단계에서 경영자나 관리자가 유의할 대목은 상대방에게 무엇을 바라는지를 확실히 밝히는 일이다. 그것은 상대방으로 하여금 가장 적절한 바람의 실현 방법을 찾아내고 그것을 충족시킬 수 있는 여러 방안을 떠올리는데 필요하다. 즉, WDEP체계는 칭찬과 대결을 포용하고 직원들이 정직하고 거짓 없이, 때로는 고통스러운 방법으로 자기 자신을 돌아보는데 도움이 되는 매개체를 제공한다. 그것은 경영자나 관리자가 직원들과 직접 마찰을 일으키지 않고도 대화를 나눌 수 있는 상담 환경을 제공해 주는 것이다.

동료에게 무시당하는 사람이라면

직장에서 '있어도 그만, 없어도 그만'이라는 평가를 받는 직원이 있다면 당신은 어떻게 하겠는가. 당연히 퇴사시키겠지만, 그가 창업 멤버로서 오랫동안 회사를 위해 일해 왔고 정년퇴직을 한두 해 정도 남겼다면 이야기는 달라진다. 그가 자진해서 물러나면 더할 나위 없이 좋겠지만 본인은 그럴 의향이 전혀 없다. 이럴 때, 그를 강제로 퇴직시키는 것이 효과적일까. 물론 해고시키는 것이 간단한 방법이긴 하다. 그러나 다른 직원들에게 미치는 영향도 고려해야 한다.

자, 당신이라면 어떻게 하겠는가. 정년퇴직을 2년 정도 앞둔 플랜이란 고참 사원을 예로 들어보자. 동료 직원들은 그를 거의 은퇴한 사람으로 여기고 무시하기 일쑤다. 하지만 그는 남의 눈을 의식하지 않고 정시에 출근해서 정시에 퇴근하려고 애쓴다. 신참 시절처럼 열정적으로 일하지는 않지만 그렇다고 빈둥빈둥 거리는 것은 아니다.

그의 관심사는 오직 두 가지이다. 하나는 정년퇴직 후에 어떻게 할 것인가 하는 점과, 요즘 젊은이들이 일하는 방식이 마음에 들지 않는데도 그냥 내버려두는 경영진에 대한 불만이다. 그는 요즘 젊은 직원들의 근무자세가 대단히 잘못되었다고 생각한다. 일하는 방식도 그렇지만 무엇보다도 인간미가 없다. 너무 개인주의적이고 이기적이며 편리함만을 좇는다. 경력이 꽤 있는 사람으로 한마디 충고를 해도 '당신 일이나 알아서 잘 하라'는 투로 받는다.

예의가 없고 선후배를 모르는 것 같아 안타깝다. 적어도 그가 열정적으로 일하던 1960년대는 그렇지 않았다.

이런 문제로 젊은 직원들과 말싸움을 벌인 적도 한두 번이 아니다. 물론 내부분의 직원들은 그의 말을 한쪽 귀로 듣고 다른 한쪽 귀로 흘리고 만다. '얼마 안 있으면 그만둘 사람'이라고 여겨 외면하고 무시하는 것이다. 그러나 회사의 입장에서는 직원들 앞에서 경영진의 인사관리를 공공연히 비난하는 그의 태도를 마냥 내버려둘 수만은 없는 노릇이다. 마침내 최고경영자가 나서서 그에게 재직하는 날까지 열심히 일하도록 동기를 부여하기로 했다. 이때 사용한 기술은 WDEP체계이다.

경영자 : 안녕하십니까. 오늘은 기분이 어떤가요?

직　원 : 어제 영화를 보느라고 밤을 샜더니 무척 피곤하네요.

경영자 : 그러세요, 나도 그 일 때문에 이야기하고 싶었는데….

직　원 : 당신도 그 영화를 봤습니까?

경영자 : 아니요, 영화 이야기를 하려고 뵙자고 한 게 아닙니다. 당신이 일할 때 얼마나 많은 에너지를 할애하는지에 대해 물어보고 싶은 거죠.

직　원 : 그래요. 일에 관한 이야기라면 나도 할 말이 많습니다. 나는 당신이 이 회사에서 근무한 햇수보다 두 배나 오래 일해 왔소, 그리고 지금도 내 할 일은 꼭 하고 있으니까.

경영자 : 맞습니다. 사실 나도 일하면서 당신에게 배운 게 많습니다. 하지만 오늘 얘기하고 싶은 것은 옛날 일이 아니라 지금 현재 어떻게 일하고 있느냐에 관한 문제입니다.

직 원 : 조금 전에 말하지 않았소. 나는 내 할 일을 한다고….

경영자 : 그리고 정년퇴직하는 그 날을 계산하시겠죠?

직 원 : 물론이요. 하지만 아직도 2년이나 남았소.

경영자 : 내가 선배들로부터 이야기를 듣기로는 당신이 이 회사에 처음 들어왔을 때는 굉장했다고 하더군요. 열정적이면서도 물불 가리지 않고 일했다고 들었습니다. 매사에 철저하고…. 당신 스스로 그때와 지금을 비교해보면 어떤 생각이 듭니까?

직 원 : 글쎄…. 그때나 지금이나 무슨 큰 차이가 있겠소?

경영자 : 그렇게 막연하게 말씀하시지 말고 구체적으로 생각해 보시죠. 지난번에 내가 당신에게 돌려보낸 보고서를 기억하시나요?

직 원 : 아, 내가 너무 많은 실수를 했다고 말한 보고서 말이오?

경영자 : 그렇습니다. 그때 보고서를 보고, 몇 년 전에 당신이 내게 제출했던 보고서와 비교해서 어떤 생각이 들던가요?

직 원 : 당신이 내게 무슨 말을 하려는지 알겠소. 내가 이 회사에 별로 도움을 주지 못한다는 말을 하려는 것 아니오? 하지만 나는 내가 받는 봉급만큼 일하고 있다고 생각하오.

경영자 : 그런 게 아니라 보고서에 대한 얘기입니다. 몇 년 전과 지금을 비교해서 어떤 생각이 드느냐고 물었습니다.

직 원 : 아직도 그 보고서가 잘못 작성되었다고 여기는 거요?

경영자 : 만일 그것이 당신이 은퇴할 때 받아야 할 퇴지금 내역이었다면 어땠을까요?

직 원 : ….

경영자 : 말씀해 보시죠. 어떻게 했을지….

직 원 : 아마도 돌려보냈을 거요.

경영자 : 왜죠?

직 원 : 잘못되었기 때문이요. 물론 대단한 것은 아니지만….

경영자 : 그러니까 과거에 작성했던 보고서와 비교해서 그 보고서가 어떻다고 생각되는지 말씀해 주세요?

직 원 : 이번 것이 더 조잡했소. 이제 됐소. 이게 당신이 듣고 싶은 대답이 아니오. 내 입으로 잘못을 시인하도록 말이오.

경영자 : 그렇지 않습니다. 나는 당신 스스로 그 문제에 대해 어떻게 생각하고 평가하는지를 묻고 있는 것입니다.

직 원 : 알겠소. 솔직히 말해서 그 보고서는 문제가 있소.

경영자 : 누군가의 보고서가 기준미달이면 어떻게 해야 할까요?

직 원 : 물론 다시 작성해야 하오.

경영자 : 그렇습니다. 누구를 막론하고 보고서가 기준미달이면 다시 작성해야 합니다. 이왕 말이 나왔으니 몇 가지를 더

말씀드리겠습니다. 언짢더라도 이해해 주십시오.

직 원 : 이것도 업무의 하나라고 생각하겠소.

경영자 : 근무기록을 보니까 지각이 잦고 꼼꼼하지 않은 업무 태도를 보인다고 적혀 있던데, 보고서 건처럼 잘못된 것을 그냥 제출하거나 지각하는 게 젊은 직원들에게 영향을 미치지 않을까요?

직 원 : 그들은 아무 말도 하지 않을 겁니다.

경영자 : 말하지 않는다고 해서 영향을 미치지 않는다고 생각하시는 것은 아니겠죠?

직 원 : 그 점에 대해서는 깊이 생각해 보지 않았소.

경영자 : 그렇다면 지금 생각해 보세요?

직 원 : 글쎄…. 아마도 일을 잘하지 못했는데도 아무런 조치가 없다면 열심히 일하고 싶은 마음이 없어지지 않겠소?

경영자 : 그렇습니다. 당신은 젊은 직원들이 당신에게서 그런 것들을 배우기를 바라진 않겠죠?

직 원 : 물론이요. 하지만 요즘 젊은 직원들은 우리가 회사 초창기에 얼마나 열심히 일했는지를 인정하려고 하지 않소. 이해하려고도 하지 않고….

경영자 : 그럼 당신이 지금 보여주는 행동과 말이 젊은 직원들로 하여금 당신의 옛날 고생담을 올바로 평가하는데 도움이 될까요?

직　원 : 물론 도움이 안 될 거요.

경영자 : 그럼 어떻게 해야 할까요?

직　원 : 나의 말과 행동이 회사의 전통과 목표에 부합된다면 도움이 될 것이오.

경영자 : 이왕 말이 나왔으니 한 가지 더 말씀드리겠습니다. 요즘 당신은 최선을 다해 열심히 일한다고 생각하십니까?

직　원 : 글쎄, 내가 보기에도 초창기만큼 열심히 하는 것 같지는 않소. 하지만 나는 이 회사를 위해 청춘을 다 바쳤소.

경영자 : 잘 알고 있습니다. 나 역시 한번도 그 점을 잊은 적이 없습니다. 우리 회사를 이만큼 성장시킨 당신한테 고마운 생각도 갖고 있고요. 하지만 묻고 싶은 게 있어요. 앞으로 정년퇴직까지 2년 정도 남았는데, 그때까지 어떤 직원이 되기를 바라나요?

직　원 : 열심히 일할 생각이오. 보수도 적당하고….

경영자 : 그렇습니다. 지금 당신이 받는 월급은 지난 한 달 동안 일한 대가로 받는 것이지 지난 30년 동안 일했던 대가는 아니죠?

직　원 : 그래요. 과거의 성공에 안주하면 발전이 없는 법이오. 회사도 망하고 말 거요. 나도 그 점을 절감하고 있소. 하지만 우리 회사의 젊은 직원들은 회사 초창기 때, 얼마나 많은 사람들이 열심히 일했고 피와 땀을 흘렸는지를 제대로 인정하지 않는 것 같소.

경영자 : 내가 보기에도 그런 것 같습니다. 어제 없는 오늘이 없는 법인데, 그들은 단지 현재만을 생각하고 있어서 안타깝습니다. 물론 우리가 일하는 것은 지금 현재이니까 지금이 중요하겠죠. 젊은 직원들에 대한 이야기가 나와서 하는 말인데, 한 가지 궁금한 게 있습니다. 당신은 정년퇴직을 할 때 젊은 직원들이 당신에게 뭐라고 말해주기를 바라시나요?

직 원 : 어떤 친구들은 내가 그만두는 것을 무척 기뻐할 거요.

경영자 : 그게 원하시는 것인가요?

직 원 : 아니오. 누구나 다 그렇듯이, 나 역시 그들이 나를 제대로 기억해주기를 바라오. 회사를 위해 열심히 일했고 오늘날 회사를 이만큼 키운 역군이라고 말이오.

경영자 : 그런데 문제는 젊은 직원들이 지난 세월보다 당신에게 남은 향후 2년을 더 많이 기억한다는 점입니다.

직 원 : 아마 그럴 거요.

경영자 : 그럼 당신 자신에 대해서는 어떤 모습으로 기억되기를 바라나요. '정년퇴직까지 남은 2년 동안 시간만 때우다가 은퇴했다. 젊은이들은 나를 그냥 평범한 퇴직사원, 아니 별 볼 일 없는 늙은이라고 여긴다'고 말하기를 바라지는 않으시겠죠?

직　원 : 그런 말은 하지도 말구려. 듣기만 해도 섬뜩하오. 설마 당신부터 나를 그렇게 생각하는 건 아니겠지?

경영자 : 물론 그래서는 안 되죠. 나도 그런 일이 일어날까 두렵납니다. 나튼 사람은 그만두고, 나를 대상으로 생각해 보죠. 당신은 정년퇴직하면서 내가 어떤 말을 할 수 있기를 바랍니까?

직　원 : 간단하오. '마지막까지 열심히 일했고 젊은 직원들에게 좋은 본보기가 되는 사람이었다'는 말을 듣고 싶소.

경영자 : 그 말이 진심이기를 바랍니다. 그럼 당신은 젊은 직원들에게 좋은 본보기가 되고 있다는 확신이 있나요? 자신에 대해 긍지를 가지면서 다른 이들이 당신을 알고 당신과 함께 일했다는 것을 자랑스러워하기를 바라나요?

직　원 : 물론이오.

경영자 : 그렇다면 과거에 안주하고 현재 나태한 모습을 보이는 것이 그런 목표를 달성하는데 도움이 될까요?

직　원 : …. 생각해보니, 전혀 도움이 안 되겠군요.

경영자 : 나 역시 당신과 같은 생각입니다.

직　원 : 그러고 보니, 오늘 당신과 얘기하기를 참 잘했다는 생각이 드오. 내겐 정신 차리게끔 따끔히 자극을 줄 필요가 있었소.

경영자 : 나는 당신을 존경합니다. 창업 멤버로서 힘들었던 초창

기 시절에 열심히 일해서 오늘 우리 회사를 이만큼 키운 공로를 잊지 않고 있답니다. 그래서 오늘 이야기를 하자고 제의하면서도 걱정을 많이 했습니다. 당신만큼 재능과 경험이 풍부한 분에게 부정적인 이야기는 들으면 어떡하나 하고 말입니다.

직　원 : 고맙소.

경영자 : 당신은 우리 회사에서 아직도 영향력이 있는 존재입니다. 좋든 나쁘든, 당신은 회사에 많은 영향력을 끼치고 있습니다. 특히 젊은 직원들에게 큰 영향을 미친다고 생각합니다. 당신이 어떻게 일할 것인지, 그리고 앞으로 남은 2년 동안 어떤 사람이 될 것인지는 모두 당신의 선택에 달려 있습니다.

직　원 : 옳은 말이요.

경영자 : 정말 달라진 모습을 보여주시겠죠?

직　원 : 두고 보시오. 달라질 겁니다.

경영자 : 우선 한 주일 정도만이라도 보여줄 수 있죠?

직　원 : 그렇게 해보겠소. 아니, 하겠소.

경영자 : 그럼 구체적으로 어떻게 할 계획인가요?

직　원 : 우선 내일부터라도 제 시간에 출근하겠소. 그리고 젊은 직원들의 일하는 방식에 불평을 늘어놓거나 왈가왈부하지 않겠소. 그들 나름대로의 방식이 있다는 것을 이해하려고 노력하겠소. 지난번처럼 회의석상에서도 문제 삼지 않겠소. 그때 당신이 무척 난처해한다는 것을 잘 알고 있다오.

경영자 : 알고 계셨군요. 티를 내지 않으려고 했는데….

직　원 : 물론이오.

경영자 : 다시 한 번 확인하겠습니다. 말씀하신 계획을 실천하시겠습니까?

직　원 : 얼마나 오랫동안이죠?

경영자 : 아까 말씀드린 대로 우선 일주일간 해본 다음에 다시 이야기하도록 하죠.

직　원 : 그렇게 합시다.

경영자 : 이왕 하겠다고 하셨으니 한 가지 부탁드려도 될까요.

직　원 : 말하구려.

경영자 : 불평불만을 하지 않는 것도 중요하지만 회사의 좋은 점을 이야기하는 것도 필요하다고 생각합니다. 당신이 우리 회사의 긍정적인 면을 이야기하면 젊은 직원들의 사기에도 큰 영향을 미칠 겁니다. 그저 하루에 두세 번 정도 해보는 것은 어떨까요. 가령 당신이 기회가 주어졌는데도 다른 곳으로 옮기지 않고 왜 이 회사에 계속 남아서 일했는지를 말입니다. 이것은 우리 회사를 직원들에게 선전하려는 게 아닙니다. 당신에게도 긍정적인 계획

이 필요할 것 같아 드리는 말씀입니다.

직 원 : 그거 어렵지 않소. 그렇게 하겠소.

경영자 : 그럼 일주일 뒤에 다시 이야기하도록 하죠.

직 원 : 고맙소.

당신은 이 사례를 읽으면서 경영자가 WDEP체계를 효과적으로 사용했지만 대화의 장벽을 모두 제거하지 못했다는 점을 알 것이다. 그렇더라도 장벽을 크게 줄이는데 도움을 주고 동기가 부여되었음을 알 것이다. 특히 직접적이고 핵심에 충실하려 애썼고 권위주의적인 방식을 피했음을 유의하라. 이 사례에서 사용된 WDEP체계의 핵심은 다음과 같다.

○ 젊은 직원들이 당신에 대해 어떻게 생각하기를 바랍니까?
"마지막까지 열심히 일했고 젊은 직원들에게 좋은 본보기가 되는 사람이었다는 말을 듣고 싶소."

○ 과거에 작성했던 보고서와 비교해서 이번 보고서가 어떻다고 생각합니까?
"이번 것이 더 조잡했소."

○ 보고서가 기준에 미달되면 어떻게 해야 할까요?
"다시 작성해야 하오."

○ 앞으로 어떻게 할 계획인가요?

"내일부터라도 불평하지 않고 제 시간에 출근하겠소. 젊은 직원들의 일하는 방식을 갖고 왈가왈부하지 않겠소."

앞장의 사례와 마찬가지로 이번에도 당신은 다음과 같은 질문을 던지면서 보다 상세하게 토론할 수 있을 것이다.

1. 정년퇴직할 때까지 남은 2년 동안 어떻게 할 것인가를 상세하게 탐색하기.
2. 지금 하는 업무를 보다 잘할 수 있는 방법을 본인 스스로 기술하기(일반적으로 불평불만을 늘어놓는 직원에게도 본받을 만한 유익한 점은 있다)
3. 단기간에 할 일과 2년간 이룩할 목표 설정을 도와주기

만일 당신이 일하는 직장에 프랜과 같은 직원이 근무하고 있다고 하자. 이때 당신이 위의 사례와 달리 그와 상담할 수 있는 방향이나 주제를 기록해 보라.

____

____

____

리더로서의 통제력

리더가 통제력을 잃은 사례

회사나 조직을 경영 또는 관리하다 보면 정당하게 처리했는데도 이해관계 당사자들로부터 항의를 받거나 비난받는 경우가 적지 않다. 그 대표적인 경우가 승진 심사이다. 승진에서 누락된 사람이 납득할 수 없다면서 그 이유를 설명해 달라고 하면 경영자나 관리자는 곤혹스러울 수밖에 없다. 승진 심사가 업무능력에 대한 객관적 평가라고는 하지만 ○×문제처럼 정답이 있는 것은 아니기 때문이다.

이런 경우에 직면하면 대부분의 경영자, 관리자들은 방어적이고 변명하거나 때로는 공격적이 되기 쉽다. 승진심사에서 탈락한 린이라는 직원의 경우를 예로 들어보자.

경영자 : 나를 만나자고 했습니까?

직　원 : 그렇습니다.

경영자 : 무슨 일 때문인가요?

직　원 : 이번 승진에서도 제가 탈락한 이유가 무엇인지 궁금합니다. 벌써 두 번째입니다. 제가 왜 떨어졌죠? 이번에 저 대신 A라는 직원이 승진한 이유가 무엇인가요? 그 동안 회사를 위해 정말로 열심히 일했는데, 그 대가가 고작 이 정도인가요?

경영자 : 그건 나 혼자 결정한 일이 아닙니다. 나는 나 나름대로

최선을 다했습니다. 어쨌든 A는 당신보다 오래 근무했고, 나는 그 이상 아는 바가 없습니다.

직 원 : 아니, 그 친구는 저보다 고작 한달 먼저 입사했는데, 그게 그렇게 중요한가요?

경영자 : 얼마나 더 오랫동안 근무했는가를 말한 것이 아니잖아요. 그리고 그 친구는 우리가 이번에 진행하고 있는 프로젝트 건에서 당신보다 경험이 많습니다.

직 원 : 그건 말도 안 됩니다. 말씀하신 프로젝트 분야에서는 제가 더 오래 일했습니다. 그건 사장님이 더 잘 알지 않습니까? 처음에 그것을 제게 맡긴 사람이 바로 사장님이었습니다. 아무리 생각해도 저는 이 회사에서, 특히 사장님으로부터 불공평한 대우를 받고 있다는 생각을 지울 수가 없습니다. 그것도 한번이 아닌 두 번씩이나….

경영자 : 당신 말을 듣고 보니, 내 판단이 잘못되었을지도 모른다는 생각이 듭니다. 다음 번 승진 심사에서는 당신을 우선적으로 고려하겠소.

직 원 : 약속하시는 거죠?

경영자 : 물론입니다.

직 원 : 약속하신다고요? 하지만 저는 사장님의 약속을 믿지 않습니다. 먼저 번에도 그렇게 말씀했었죠. 하지만 승진에서 탈락했잖습니까. 그리고 사장님은 내가 왜 탈락했는

지에 대해서도 제대로 설명해 주려고 애쓰지도 않습니다. 그러니 제가 어떻게 사장님의 말씀을 믿겠습니까? 이번만은 제가 왜 승진을 못했는지 그 이유를 알아야겠습니다. 사장님의 변명이나 들으려고 온 게 아닙니다.

경영자 : 나 혼자 결정한 사항이 아니라니까 그러네요. 승진 여부를 결정하는 것은 이사회입니다.

직　원 : 하지만 후보자를 추천하는 사람은 사장님이잖습니까?

경영자 : 그건 그렇소.

직　원 : 사장님은 이번에 누구를 추천했나요?

경영자 : 그건 말할 수 없소. 회사 기밀이오.

직　원 : 또 그 말씀이군요. 지난번에도 그렇게 말씀하시더니…. 정말 속이 뻔히 들여다보이는 변명이군요. 이젠 정말 진절머리가 나요.

경영자 : 아니, 내게 그렇게 심한 말을 할 수 있소? 너무 지나친 말이잖소. 당신은 나를 찾아올 때마다 항상 불평불만이고 트집만 늘어놓아요. 한번도 건설적인 제안을 한 적이 없어요. 내가 무슨 봉이나 되는지…. 정말 당신을 만나는 것도 이젠 지겨워요. 당신 같은 사람이 왜 이 회사에 남아있는지 정말 이해가 안 돼요. 혹 우리를 비참하게 만드는 것을 즐기는 것이나 아닌지 모르겠어요.

직　원 : 아니, 그런 끔찍한 말씀이 어디 있습니까. 정말 사장님의 인격이 의심스럽군요. 저는 사장님이 저를 승진시킬 마음이 애초부터 없다는 걸 압니다. 제가 조합원이 아니고 또 직원이 아니었다면 아마 지금보다 더 심한 말씀을 하셨겠죠.

경영자 : 그런 뜻이 아니라…. 어쨌든 흥분해서 미안하오. 그러려고 했던 것은 아니었는데….

직 원 : 그런 겉치레 같은 사과는 받고 싶지 않습니다. 이제 알겠습니다. 사장님이 저를 어떻게 생각하시는지, 이제 모든 것이 분명해졌습니다. 사장님 밑에서 일하는 한 승진이 불가능하다는 것을 오늘 똑똑히 알았습니다. 분명 사장님은 제가 이 회사를 떠나주기를 바라는 것 아닌가요?

경영자 : 그렇지 않소.

직 원 : 그만하죠. 더 이상 드릴 말이 없습니다.

경영자 : 나 역시 그렇소. 잘 가시오.

사례에서 보듯이, 경영자는 상황을 어떻게 처리해야 할지에 대해 확신이 없고, 불쾌해 하면서 상대방이 자기 말에 동조하기만을 바랄 뿐이었다. 승진 탈락에 대한 이유를 묻는 상대에게 회사 기밀이라 변명했고, 누구를 추천했는지에 대한 물음에도 회피했다. 한마디로 이 경영자의 자유방임적인 상담은 전혀 효과가 없었다. 오히려 상대방의 반발심과 화를 북돋기만 했다. 상대방을 수용하고 있다는 것을 상대가 느낄 수 있도록 해야 할 텐데 오히려 그 스스로가 통제력을 잃고 있다. 극히 간단한 사례이지만 당신은 한 조직의 리더가 범할 수 있는 다양한 종류의 실수를 보여주고 있음을 알 것이다.

WDEP체계를 이용한 사례

이번에는 똑같은 사례를 가지고 WDEP체계를 사용했을 경우를 상정해 보자. 경영자가 어떤 원칙을 가졌으며 상대방에게 도움을 주는 기술을 어떻게 사용했는가에 관심을 기울여라. 시작할 때의 대화는 똑같다.

경영자 : 나를 만나자고 했나요?

직 원 : 그렇습니다.

경영자 : 무슨 일 때문인가요?

직 원 : 이번 승진에서도 제가 탈락한 이유가 무엇인지 궁금합니다. 벌써 두 번째입니다. 제가 왜 떨어졌죠. 이번에 저 대신 A라는 직원이 승진한 이유가 무엇인가요? 그 동안 회사를 위해 정말로 열심히 일했는데, 그 대가가 고작 이 정도인가요?

경영자 : 당신이 그 문제를 가지고 나를 만나자고 할 줄 예상했었는데, 역시 그 문제이군요. 그래요. 당신이 그렇게 화를

내고 흥분하는 것도 무리가 아닙니다. 당신의 심정이 어떠하리라는 것은 충분히 이해가 됩니다. 이왕 말이 나왔으니 무슨 말이든 다 보세요. 기꺼이 듣겠습니다. 가슴속에 묻어두지 말고 다 털어놓는 게 정신 건강에도 좋다고 하지 않습니까.

직 원 : 저는 이번에 승진한 A라는 직원만큼 이 직장에서 오래 일했습니다. 회사가 어려울 때 힘든 일도 마다하지 않았고 정말 열심히 일했습니다. 그런데도 승진 심사에서 번번이 탈락하는 이유가 뭔지 모르겠습니다. 때로는 사장님이 저를 벼르고 있지 않나 하는 생각까지 든답니다.

경영자 : 그럴 리가…. 당신을 벼르고 있다는 것은 말도 안 됩니다. 나는 그런 생각을 한 적이 전혀 없어요. 사실 나는 당신의 자질과 능력을 인정하는 사람입니다. 물론 내가 당신을 싫어한다고 여기는 당신 심정은 충분히 이해가 됩니다. 하지만 내 생각은 달라요. 솔직히 나는 우리 회사를 위해 최선을 다하는 경영자로 기억되기를 원할 뿐입니다.

직 원 : 그럼 왜 이번 승진 심사에서 탈락했나요?

경영자 : 물론 이번 승진 심사과정을 모두 당신에게 말해줄 수는 있어요. 하지만 그런다고 당신이 만족할까요? 심사과정을 알았다고 해서 당신이 이번 결정을 승복하고 그냥 돌

아갈까요?

직　원 : 그러려면 애초 찾아오지를 않았습니다.

경영자 : 그래요. 당신이 원하는 것은 승진이지 왜 탈락했는지를 알고 싶은 것은 아니잖아요.

직　원 : 맞습니다. 아무리 생각해도 A라는 직원이 저 대신 승진한 것은 잘못된 일입니다.

경영자 : 좋아요. 당신이 그렇게 흥분하는 것도 무리는 아닙니다. 하지만 한 가지 묻고 싶은 게 있어요. 내가 어떤 말을 해야만 당신이 화를 가라앉히고 만족할까요?

직　원 : 제가 승진했더라면 좋았을 텐데….

경영자 : 나도 지금 그 생각을 하는 중입니다. 물론 당신도 알다시피 승진하기 위해서는 반드시 내 추천이 필요합니다. 이번에 나는 A를 추천했습니다. 최종 결정은 이사회가 했지만 추천은 내가 했어요.

직　원 : 그렇게 말씀해주시니, 적어도 사장님은 정직한 분이란 생각이 듭니다.

경영자 : 한 가지 물어보고 싶어요. 당신은 지금 승진을 하지 못한 상황과 6개월 내에 있을 다음 승진 기회 중에서 어떤 것을 선택하겠어요?

직　원 : 무슨 말씀인가요?

경영자 : 당신은 이번 승진 심사가 잘못되었다고 화를 내면서 불

평불만을 늘어놓고 여기저기 소문을 낼 수도 있습니다. 아니면 더 열심히 일해서 다음 승진 기회를 바라볼 수도 있다는 말입니다. 이 둘 중에서 하나를 선택하라면 어느 쪽을 선택하겠습니까?

직 원 : 저는 이번 승진 기회를 놓친 것이 안타까울 따름입니다.

경영자 : 그리고 화도 났고요?

직 원 : ….

경영자 : 자, 어떤 선택이 당신에게 최선일까요?

직 원 : 무슨 말씀인지 알겠습니다. 하지만 제가 정말 열심히 일한다면 6개월 후엔 승진할 수 있을까요?

경영자 : 물론 보장할 수는 없습니다. 내가 당신을 추천하느냐 안 하느냐 하는 것은 모두 당신의 행동에 달려 있습니다. 내게 당신을 추천할 만하다는 확신을 줘야 추천하는 것 아닌가요. 물론 나는 당신이 승진하기를 바랍니다. 아니, 모든 사람이 승진하기를 바라죠. 당신이 내게 확신을 준다면 나는 분명히 당신을 추천할 것입니다.

직 원 : 결국 승진 여부는 제 책임이란 말씀이군요.

경영자 : 아니죠. 내가 당신을 추천하는 것은 당신이 어떻게 하느냐에 따라 결정된다는 뜻입니다. 우리 회사의 인사관리 체계가 그렇게 되어 있습니다.

직 원 : 알겠습니다.

경영자 : 또 한 가지 물어보죠. 이번 승진에서 탈락한데 실망하여 계속 좌절하고 무너진 모습을 보인다면 어떤 결과를 초래할까요?

직　원 : 다음 승진 심사에서도 탈락하겠죠.

경영자 : 그렇습니다. 이번 일을 가지고 계속 불평만 하면 당신에게 아무런 이득도 가져다주지 않습니다. 그럼 당신 자신에겐 어떤 영향을 미칠까요?

직　원 : 비참한 기분이 오래 지속될 겁니다.

경영자 : 그런 것이 당신에게 도움이 될까요?

직　원 : 물론 도움이 안 되겠죠.

경영자 : 그래요. 내 생각으로는 당신이 지금부터라도 더 열심히 일하고 노력한다면 분명히 6개월 후 있을 승진 후보자 명단에 당신 이름이 들어 있을 겁니다. 그러면 기분이 좋아지겠죠.

직　원 : 그때를 다시 기대해 봐야겠네요. 사장님 말씀에 전적으로 동의하는 것은 아니지만 어떡하겠습니까. 이 회사에 근무하는 한 회사 방침에 따를 수밖에 없지 않겠어요. 하지만 어쩐지 혼란스럽네요.

경영자 : 당신이 그렇게 생각을 바꾸니까 정말 다행입니다. 그럼 한 가지 더 물어볼게요. 지금처럼 화를 내고 원망하는 감정에 언제까지 사로잡혀 있을 건가요. 한 달, 아니면

일주일?

직　원 : 글쎄요. 사람의 감정이란 게 하루아침에 바꾸기란 어렵지 않겠어요. 그리고 사장님이 원인을 제공하셨으니까 그 해답도 사장님이 말씀해 주셔야죠?

경영자 : 내가 원인을 제공한 게 아니죠…. 하지만 그 얘기는 더 이상 하고 싶지 않네요. 중요한 것은 당신이 지금처럼 계속 화를 낼 수도 있고, 현실을 인정한 다음에 더 열심히 일할 수도 있는데, 어느 것을 선택하느냐 하는 점입니다. 어느 쪽을 선택하든 그것은 당신의 몫입니다. 물론 나는 당신이 변하리라고 기대합니다.

직　원 : 글쎄요. 얼른 판단이 되지 않지만 원망 같은 것은 하지 않고 싶습니다.

경영자 : 당신 말대로 감정을 마음대로 이랬다저랬다 하긴 어렵죠. 그러니까 원망하는 마음 중에서 일부를 여기에 잠시 맡겨두고 간다고 생각해요. 나머지는 그냥 갖고 있고….

직　원 : 그렇게 하죠. 그럼 얼마 동안 그렇게 해야 할까요?

경영자 : 원하는 대로 하세요.

직　원 : 글쎄요. 지금 생각 같아서는 일주일 정도 지나면 없어질 것 같습니다.

경영자 : 그것 참 다행이군요. 나라도 그렇게 빨리 극복하기 어려울 거예요. 하지만 당신은 충분히 해낼 수 있다고 믿어

요. 몽땅 털어내지 못한다고 할지라도 어느 정도 정리는 될 겁니다.

직　원 : 아니, 일주일이면 충분합니다.

기억해야 할 원칙

이제 당신은 WDEP체계를 사용한 경우와 그렇지 않은 경우를 비교해 보면서 두 사례 간에 어떤 차이점이 있는지를 생각해보기 바란다. 두 사람 사이에 오고간 대화의 핵심을 점검하고 당신 나름대로 느낀 점, 그리고 앞으로 더 논의될 내용을 미리 예상하여 적어보기 바란다.

___

___

___

___

___

___

___

___

___

___

___

이 사례에서는 WDEP체계가 더욱 간접적으로 적용되었다. 다음의 원칙을 잘 기억해 둔다면 당신이 비슷한 상황에 처했을 때 많은 도움을 받을 것이다.

상대방의 화를 수용하라

문제를 소유한 상태의 가장 두드러진 특징은 이성의 영역이 매우 좁아진다는 점이다. 엄청나게 화를 내는 사람에게 도와준다고 하면서 "화내지 마라" "화를 내는 것은 도움이 되지 않는다"고 해봤자 오히려 상태만을 악화시키는 결과를 초래한다. 그렇다고 맞장구를 치거나 굴복한다면 해결 방법을 모색할 수 없다. 승진과 같은 민감한 문제일 때는 더욱 그렇다.

우선 당신은 상대방이 어느 정도 화를 내고 분개할 수도 있다는 사실을 받아들여라. 그리고 침착하고 동요되지 않으면서 친절하고 예의바르게 대처하라. 의사소통에서 상대방과 우호관계를 형성하는 것은 매우 중요하다. 당신은 그 분노를 완전히 사라지게 할 수 없지만 상대방으로 하여금 분노를 삭이는 선택을 하도록 도울 수 있기 때문이다. 위의 대화 사례는 일주일간 약 15분씩 두세 번에 걸쳐 이루어진 대화를 간결하게 요약한 것이다.

당신의 입장을 고수하고 사과하지 마라

상대방이 정보를 필요로 할 때는 정보를 주어라. 물론 정보를 주기 전에 무엇이 정말 문제인가를 확실히 하라. 그가 정보를 원하고 있는지도 점검하라. 그리고 합리적인 원칙과 결과는 단호하게 지켜져야 한다. 규칙이나 결과를 적용하는데 단호함은 물론 리더가 한 일이나 목표 또 회사에 대한 열성을 보여주어야 한다.

당신은 승진심사가 어떻게 이루어졌는지를 설명하되, 너무 세부적으로 설명할 필요는 없다. 사실에 대한 충분한 설명은 문제에 대한 책임을 외부 탓으로 돌리기보다 받아들이고 있다는 점을 분명하게 해준다.

첫 번째 사례에 등장하는 경영자처럼 자신을 정당화하거나 공격적인 자세를 유지한다면 상대방은 더 강하게 반발할 것이다. 또 당신이 괴로워하는 척해서도 안 된다. 그러면 상대방은 나중에 그 사실을 알고 당신을 기만하게 된다. 이유를 당당하게 설명하고 소신껏 대처한다면 풍랑은 잦아들 것이다.

당신 자신의 행동에 책임을 져라

당신이 결정한 일을 갖고 다른 사람을 비난하는 식으로 책임을 회피하지 마라. 정직하고 곧게 나가라. 그러나 보안사항이 누출되지 않도록 기밀을 유지하라. 물론 상대방은 당신에 대한 분노를 강하게 높이거나 당신의 입장을 이해하려고 하지 않을지 모른다. 그러나 그 순간의 흥분이 사라진 다음에는 정직하고 책임감 있는 당신에게 훨씬 더 협조적인 사람이 될 것이다.

상대방에게 당신이 지금 그를 전적으로 만족시킬 말을 할 만한 것이 있는지를 물어 보라

이것은 상대방의 분노를 어느 정도 해소시키고 상대방이 당신을 방어하려고 시도하는 것을 도와준다. 이러한 평가형태는 어떤 것이 상대방을 기분 좋게 하는지를 물어보는 간접적인 방법이다.

앞선 사례에서 린은 심사과정을 알고 싶다고 했지만 그가 원한 것은 승진뿐이었다. 설령 당신이 이사회의 결정을 뒤집어 그를 승진시켰다고 하자. 그래도 그는 격렬한 항의 끝에 얻어낸 보상이라고 생각할 뿐 분한 마음을 지우지는 않을 것이다.

상대방 스스로 평가하게 하고 앞으로의 행동계획을 도와줘라

문제의 최적의 해결자는 문제를 소유한 당사자이다. 당신이 아니다. 당신은 다만 본인 스스로 좋은 해결책을 발견해 낼 수 있도록 돕는 사람임을 상대방에게 환기시켜야 한다. 특히 당신은 상대방이 어떠한 행동을 했든지, 그것은 곧 상대방의 선택에 기초한 것이라는 원리를 분명하고도 수시로 상대방에게 설명해줘야 한다. 활동요소에서 보다 나은 것을 선택하면 감정요소 또한 자동적으로 변화된다는 것을 설명해 줄 필요가 있다. 그리고 상대방으로 하여금 자신의 행동이 과연 문제 해결에 도움이 되는가를 스스로 평가한 뒤, 현실적이고 실현 가능한 계획을 세울 수 있도록 도와줘야 한다.

사례에서 보듯이, 당신은 상대방에게 지금과 같이 분노와 좌절, 실망감을 계속 소유하는 것이 문제해결에 도움이 된다고 평가하는지를 질문하라. 또 정서적으로 가장 바람직한 것은 무엇인지, 그리고 앞으로 어떻게 할 것인지를 물어 보라. 즉, 6개월 뒤에 있을 승진 심사와 관련하여 본인에게 도움이 되는 일, 주위 사람들에게 좋은 것이 무엇인지를 스스로 검토할 수 있도록 질문하라.

미래에 대한 어떤 약속도 하지 마라

만약 상대방이 화를 가라앉히고 분노를 삭인다면 그는 분명 승진할 기회를 갖게 될 것이다. 하지만 반드시 승진한다는 보장을 받는 것은 아니다. 당신은 이 점을 조용히 명확하게 설명해 주어야 한다. 그들은 당신의 솔직함과 분명함이 보여주는 강인함을 존경하게 된다. 그리고 승진은 자동적으로 되는 것이 아니라는 사실도 인식하게 된다. 상황을 보다 나은 방법으로 해결하기 위한 실제적이고도 실현 가능한 계획을 개발하는 것도 문제를 소유하고 있는 당사자의 몫이다.

상대방이 무척 화나 있다는 사실에 주목하라

감정이 격해지고 흥분하다 보면 나중에 후회할 말도 서슴없이 해대는 것이 보통 사람들이다. 감정의 쇠사슬에 묶여 생각과 행동을 합리적으로 선택할 판단력과 자제력을 잃기 때문이다. 혹 상대방이 감정의 홍수상태에서 도가 지나친 말을 하더라도 일일이 상대할 필요는 없다. 순간적으로 자제력을 잃은 그의 행동 또한 저지할 필요도 없다.

물론 유쾌하지 않은 척 가장할 필요도 없다. 그렇다고 무조건 가만히 있으라는 말은 아니다. 때로는 침묵으로, 때로는 상대방이 표현하는 말과 행동 속에 숨겨진 감정이나 사고를 당신 자신의 말로 요약한다. 예컨대, "예, 나는 …을 이해합니다. 그 다음에는 …" 라고 하여 상대방의 말을 다른 말로 옮기는 것이다. 가장 중요한 것은 상대방의 체면을 세워주는 일이다. '오직 비전문가만이 원한을 갖고 있다'는 말을 기억하라.

상대방이 화를 어떻게 다뤄야 할지를 계획하는데 도움을 주라

사례에서, 린은 자신의 분노를 일주일 정도 있다가 떨쳐버리게 될 것으로 판단했다. 이것이 바로 WDEP체계의 마무리 단계인 계획하기이다. 대개 이 단계에서는 많은 대화가 필요하지 않다. 평가가 선행되었을 때는 더욱 그러하다.

일과 관련하여 상대방이 변화시켜야 할 계획을 짜도록 도와주라

사례에서 이 대목은 나타나지 않고 있다. 경영자는 다만 린의 행동 가운데 즉각적이고 가장 확실한 부분, 즉 원한, 실망, 분노만을 다루었다. 왜냐하면 일과 관련된 행위를 변화시키는 계획은 정서적으로 감정이 안정되어 새로운 계획에 대해 보다 개방적인 상황이 되었을 때 비로소 적절하게 다루어질 수 있기 때문이다.

승진은 모든 직장인들이 한결같은 바람이다. 그래서 승진에서 제외된 유능한 직원과의 상담은 경영자, 관리자로서 가장 하기 힘든 일 중의 하나이다.

당신은 승진심사가 매우 공정했다고 믿을 수도 있고, 그 직원에게 동정심을 느낄 수도 있다. 당신이 불공평하다거나 책임을 회피한다는 비난을 받았을 때 화를 낼 수도 있다. 불을 불로 싸우려는 유혹도 받는다. 하지만 그것은 언제나 어리석은 선택이다. 불은 물로 싸워야 한다. WDEP체계는 원한, 분노, 방심, 복수라는 불을 끄는 물이 될 수 있다. 이것은 상대방으로 하여금 자신의 장래를 긍정적이고 실질적인 계획을 가지고 바라볼 수 있도록 도와준다.

당신은 위의 사례에서 경영자가 다음과 같은 점을 분명하게 확인시켰다는 점에 주목하라.

첫째, 나는 여전히 경영자이다.

둘째, 나는 나의 결정에 책임을 진다.

셋째, 나는 화나서 격해진 말투를 두려워하거나 조종당하지 않는다.

넷째, 나는 분노와 실망이 일시적 감정이라는 것을 믿는다.

때로는 당신이 의도적으로 계획을 세워라

대단히 업무 능력이 뛰어난 직원이 있다. 무슨 일이든 자신감에 넘쳐 있고 진취적이고 적극적이다. 야심도 있고 그만한 능력도 있다. 회사나 윗사람이 원하는 것이 무엇인가를 잘 파악하고 아이디어를 제시하는 창의성도 뛰어나다. 밝고 활기 넘치며 유머 또한 풍부하여 나무랄 데가 없다. 일을 마무리 짓는 것도 깔끔하여 자기 몫은 철저하게 해낸다. 업무 실적을 평가하면 항상 선두를 달린다.

딱 한 가지 문제가 있다면 동료들과의 사이가 원만하지 못하다는 점이다. 그는 자기 사전에 실수라는 단어가 없다고 자부한다. 자신은 완벽하게 일하는데 다른 사람이 잘못한다는 것이다. 잘못된 것이 있으면 모두 다른 사람들 탓으로 돌린다. 그는 항상 동료 직원들이 자기 일을 도와주지 않는다고 불평불만을 늘어놓는다. 그렇더라도 일은 혼자 끝내지만 그 와중에서 동료 직원들을 비난하고 헐뜯는다.

그러나 동료 직원들의 평가는 정반대이다. 동료들은 그를 가리켜 오만하고 잘난 척하는 유치한 인간으로 이미 낙인 찍어놓고 있다. 적어도 직원들 중에서 그와 친하게 지내는 사람은 거의 없을 정도이다.

최근 동료들을 더욱 언짢게 하는 사건이 생겼다. 점심 식사를 하고 오후 업무를 보기 시작할 때마다 그에게서 무척 불쾌한 냄새가 나는 것이다. 아주 심한 땀 냄새이다. 그는 점심시간에 헬스클럽으로 가서 운동하는데, 아마 시간이 촉박하여 씻지 않고 그냥 사무실로 돌아온 날이 많았기 때문이다.

또 며칠 전에는 입사 동기인 윌슨이란 직원과 사무실 내에서 큰소리로 욕하고 싸운 일이 있었다. 모든 직원들이 지켜보는 가운데 언쟁을 벌인 이 사건은 부서 책임자의 귀에까지 전해졌다. 부서 책임자(부장)가 그(데일)를 불렀다.

부장 : 지금 바쁜가요?

직원 : 괜찮습니다. 그렇지 않아도 부장님에게 드릴 말씀이 있었는데, 마침 잘 되었습니다. 함께 일하는 동료 두 명이 도대체 자기 일을 하려고 하지 않습니다. 뭔가 조치를 취해주시기를 바랍니다.

부장 : 무슨 말인가요?

직원 : 며칠 전, 그들 때문에 제가 무척 고생했습니다. 그들은 자기들이 당연히 해야 할 업무인데도 하지 않아서 제가 할 수밖에 없었답니다. 한두 번도 아니고 정말 짜증나는 친구들입니다. 똑같이 봉급을 받으면서 누구는 퇴근도 못하고 늦게까지 일하고, 누구는 노래 부르면서 퇴근하면 공평한 일이 아니지 않습니까. 그런 직원에게는 회사 차원에서 따끔하게 징계해야 합니다.

부장 : 그밖에 또 할 말이 있나요. 아니, 그보다도 오늘 지각하지

않았나요?

직원 : 네, 조금 늦었습니다. 아침마다 카풀을 해서 출근하는데, 오늘 집에서 일을 마무리하느라고 차를 놓쳐 버스를 타고 왔습니다.

부장 : 그 일은 어제 끝냈어야 할 일로 알고 있는데요.

직원 : 맞습니다. 하지만 기술부서에서 제게 관련 서류를 제 시간에 보내주지 않아 늦었습니다.

부장 : 그 부서에게 필요하다고 말했습니까?

직원 : 아니요. 하지만 그 서류가 필요하다는 것을 아무도 내게 이야기해 주지 않았답니다.

부장 : 어제 윌슨과 크게 언쟁을 벌였다고 하던데, 어떻게 된 일입니까?

직원 : 그 친구가 먼저 싸움을 걸었습니다. 그 친구는 항상 자료를 늦게 보내준답니다. 어제도 그랬습니다.

부장 : 당신은 항상 남의 탓을 늘어놓기만 하는군요. 이젠 정말 그런 말을 듣는 데도 지쳤어요. 아무튼 당신은 문제가 많아요. 당신에 대해서 들은 이야기가 한두 가지가 아닙니다.

직원 : 그건 모두 사실이 아닙니다.

부장 : 점심때마다 헬스클럽에 다닌다고 들었는데….

직원 : 그렇습니다. 하지만 점심시간은 자유시간이 아닌가요?

부장 : 그래요. 그런 문제까지도 다른 사람들의 입에 오르내린다

는 것을 당신이 알아야 한다고 생각했기에 하는 말이에요.
직원 : 무엇을 알아야 한단 말씀이죠?
부장 : 그 얘기는 나중에 하기로 하고 오늘은 이만하죠. 나는 회의가 있어서 가봐야 해요.

이 사례에서 관리자는 직원과 똑같은 자세를 취하고 있다. 데일이란 직원이 남을 탓하듯 그 역시 상대방을 탓하고, 데일이 화나서 빈정거리듯 그도 상대방에게 화나 있다. 정작 이야기를 꺼내야 할 '냄새'나 '싸움' 문제에 대해서는 전혀 접근하지 못했다. 대화는 아무런 소득도 없었을 뿐더러 하지 않은 것만 못한 결과를 낳고 말았다.

어느 직장이든, 경영자나 관리자가 다루기 힘든 사람은 있다. 일은 잘하지만 인간관계에서 문제가 있는 사람과 이야기하다 보면 자칫 그와 싸움을 벌이는 형국으로 발전하기 쉽다. 이런 직원들은 자기주장이 너무 강하여 대화가 힘들다. 함께 하기보다 자기 혼자, 자기 것만을 챙기려는 이기적 경향이 강하기 때문이다.

흔히 경영자, 관리자들은 이런 직원들과 맞부딪는 것을 피하려 한다. 크게 문제되지 않는 한, 시간이 지나면 나아질 것으로 전망하고 내버려둔다. 때로는 '그런 사람도 있고 저런 사람도 있는 법'이라면서 그것이 다양성을 반영하는 것이 아니냐고 반문한다. 일사분란하고 획일적인 분위기는 권위주의적일 뿐더러 창의성 계발을 가로막는다고 변명한다. 그러나 대부분의 경우, 그냥 내버려두면 호전되기보다는 악화되는 게 보통이다. 무엇보다도 질적 생산에 영향을 미친다. 때문에 유능한 리더는 이런 문제를 내버려두는 법이 없다.

다음은 위의 사례와 똑같은 경우로서, 관리자가 WDEP체계를 활용하여 동기를 부여하는 과정이다.

부장 : 지금 바쁜가요?

직원 : 괜찮습니다. 그렇지 않아도 부장님에게 드릴 말씀이 있었는데, 마침 잘 되었습니다. 함께 일하는 동료 두 명이 도대체 자기 일을 하려고 하지 않습니다. 뭔가 조치를 취해주시기를 바랍니다.

부장 : 그렇지 않아도 바로 그 일 때문에 보자고 했습니다.

직원 : 잘 되었네요. 몇 번 말씀드린 것으로 알고 있는데, 이번에야말로 확실한 조치를 취해주셨으면 합니다.

부장 : 나는 당신이 그 상황을 어떻게 다루고 있는지를 얘기하고 싶어요.

직원 : 무슨 말씀이인가요?

부장 : 말하자면 다른 사람 이야기가 아니라 당신 자신에 관한 이야기를 하고 싶다는 말입니다.

직원 : 저는 아무런 문제가 없는데요.

부장 : 예를 하나 들죠. 어제 윌슨과 언쟁을 벌인 일이 있죠.

직원 : 그건 전적으로 윌슨의 잘못이었습니다.

부장 : 잘못이 누구에게 있느냐 하는 문제에는 관심이 없습니다. 직원들이 다 있는 데서 싸웠다면서요?

직원 : 그건 윌슨이 잘못한 일입니다. 그 친구와도 이야기해 보셨나요?

부장 : 나는 지금 당신과 얘기하고 있습니다. 당신의 행동에 대해 묻는 것입니다.

직원 : 저는 잘하고 있습니다.

부장 : 물론 당신이 잘하고 있는 것에 대해서는 알고 있습니다. 하지만 지금은 당신이 어떻게 보다 나아질 수 있는지를 이야기하고 싶은 겁니다.

직원 : 저는 잘못한 게 하나도 없다고 보는데요.

부장 : 그래요? 하지만 내게는 보이는데…. 나는 당신이 자기 자신을 돌아보고 무슨 일이 일어나고 있는지를 생각해 봤으면 합니다. 우선 윌슨과 어떻게 지내는지를 이야기하죠. 내가 보기에 두 사람 간에 큰 문제가 있는 것 같던데….

직원 : 문제의 발단은 항상 그 친구입니다.

부장 : 그래서 당신이 바로 문제를 해결할 당사자라는 말입니다.

직원 : 저는 아무것도 안 했습니다. 그 친구가 갑자기 저한테 와서 큰소리를 친 것입니다. 우리는 꽤 오랫동안 같이 일해

왔지만 그 친구는 항상 그런 식으로 이야기합니다.

부장 : 말하자면 큰소리로 언쟁했다는 말이군요.

직원 : 예. 그 친구는 늘 그 모양이에요. 목소리도 저만큼 큽니다.

부장 : 정리를 해보죠. 당신은 윌슨에게 고함을 질렀나요?

직원 : 예, 하지만….

부장 : 그 자리에는 다른 직원들도 있었죠?

직원 : 예, 모두 우리를 쳐다보고 있었습니다.

부장 : 두 사람이 얼마나 가까운 사이인지를 떠나서 생각해 보죠. 당신의 그런 모습이 동료들에게 어떤 영향을 줄 것 같다고 생각합니까?

직원 : 그건 별로 생각해 본 적이 없습니다.

부장 : 지금 이 순간에는 어떤 생각이 드나요?

직원 : 우리 두 사람 사이를 잘 모르는 이들에겐 충격적일 수도 있겠죠.

부장 : 그렇겠죠? 내가 보기엔 윌슨과 큰 소리로 얘기하는 습관은 고쳐야 할 것 같군요.

직원 : 하지만 윌슨도….

부장 : 나는 당신 이야기를 하는 겁니다. 어떻게 하겠습니까?

직원 : 글쎄요…. 좀 지나쳤다는 생각은 듭니다. 앞으로는 조심하도록 하죠.

부장 : 당신이 우리 회사에 들어온 지도 벌써 4년이나 지났습니

다. 이젠 어느 정도 알고 지낼 만하지 않습니까? 그래서 하는 말인데….

직원 : 말씀하세요.

부장 : 당신은 다른 사람들의 잘못에 대해서는 대단히 확실하고 분명하게 말합니다. 하지만 당신 자신에 대해서는 그렇지 못해요. 내가 당신에 대해 물어보았을 때, 당신이 자주 사용하는 단어가 '추측' '노력'이란 단어라는 것을 알고 있나요? 나는 그런 단어를 들을 때마다 이런 생각이 들어요. 자기 행동을 책임지는 부분에서는 아주 불명확하게 인식하는 사람이구나 라고 말입니다.

직원 : 무슨 말씀인지 조금 알 것 같네요.

부장 : 조금요?

직원 : 아, 좀더 확실하게 대답해야겠군요. 그런데 그게 부장님이 말씀하려던 얘긴가요?

부장 : 당신 자신이 한 행동을 분명하게 표현한다면 당신에게 도움이 될까요, 해가 될까요? 또 다른 직원들에게 도움이 되겠어요, 해가 되겠어요?

직원 : 도움이 될 거라고 생각합니다. 잘하도록 노력하겠습니다.

부장 : 또 '노력'이란 단어를 쓰는군요. 내가 보기엔 노력 이상의 것이 필요해요. 확고한 결심과 실천이 있어야 하지 않을까요. 나는 당신이 동료들과 지금보다 훨씬 더 잘 지낼 수 있

다고 생각합니다. 그렇게 할 계획을 세우도록 돕고 싶습니다. 우선 윌슨과 잘 지낼 계획을 세울 수 있습니까?

직원 : 예, 그렇게 하겠습니다.

부장 : 고마워요. 하지만 당신의 계획이 잘 진행되는지 안 되는지를 어떻게 측정하죠?

직원 : 글쎄요.

부장 : 한 가지 제안을 하죠.

직원 : 제게 선택권이 있나요?

부장 : 이런 문제에서 상사의 충고를 무시하는 것은 바람직한 일이 아닙니다.

직원 : 좋습니다. 말씀해 보십시오.

부장 : 우선 윌슨과 얘기할 때, 의견이 다를 때는 목소리를 낮추세요. 그 친구와 지금 당장 친구가 되라는 말이 아닙니다. 그저 목소리를 낮추라는 겁니다. 무리한 요구는 아니죠?

직원 : 그 정도는 할 수 있습니다.

부장 : 어느 수준의 약속인가요. '할 수 있을 것 같다'는 추정인가요, 아니면 '하겠다'는 확실한 약속인가요?

직원 : 확실한 약속입니다. 그렇게 하겠습니다.

부장 : 내 의견을 받아줘서 고마워요. 이왕 말이 나온 김에 한 가지를 더 얘기하죠. 뭔지는 모르지만 당신한테서 불쾌한 냄새를 맡은 적이 몇 번 있었어요. 사람들은 이런 문제까지

꺼내는 것을 달가워하지 않지만, 나는 그렇게 생각하지 않아요. 만일 나한테서 불쾌한 냄새가 나고, 누군가 그걸 말해주면 나는 무척 고마워할 것 같아요.

직원 : 죄송합니다. 점심시간 때 헬스클럽에 가서 운동하곤 하는데, 어떤 때는 바빠서 씻지 못하고 그냥 사무실로 돌아올 때가 있곤 합니다.

부장 : 물론 당신이 고의로 그런 것은 아니라고 믿어요. 하지만 같이 일하는 동료들도 생각해 줘야 하지 않을까요. 환기가 잘 안 되는 사무실에서 담배를 계속 피우면 담배를 피우지 않는 사람은 어떻게 할 것인가를 생각해 보면 얼른 알 수 있는 일입니다. 당신도 동료들이 불편하지 않도록 방법을 취할 수 있나요?

직원 : 예, 주의하겠습니다.

이 사례에서, 관리자는 WDEP체계를 직접적이고 거의 직면적인 방식으로 사용했다. 그러나 민감한 문제를 건드리면서도 비난에 대한 암시나 상대방이 불쾌한 감정을 가질 만한 언급이 전혀 없었다는 점에 주목하라.

그는 WDEP체계의 두 번째 과정인 '행동하기' 탐색에 주안점을 두었다. 특히 "나는 당신이 자기 자신을 돌아보고 무슨 일이 일어나고 있는지를 생각해 봤으면 한다"고 하여 상대방 앞에 거울을 비추면서 본인 스스로 자신의 행동을 보고 평가하도록 요청했다. 일이 왜 그렇게 되었는지를 묻지도 않았고 그것에 대한 어떠한 변명도 받아들이지 않았다.

궁극적으로 평가는 상대방에게 내면화되어야 하지만, 반드시 문제를 소유한 사람으로부터 시작될 필요는 없다. 경우에 따라서는 경영자, 관리자가 먼저 평가를 시작할 수도 있고, 하나의 행동계획까지 제시할 수도 있다.

끝으로 당신은 마지막 단계인 계획하기에서 보다 강화된 면을 이끌어냈음을 주목하라. '해 보겠다'는 약속은 '하겠다'는 말보다 확고하지 않다.

당신이 관리자라면 다른 사례에서처럼 이 사례에서도 다른 길을 탐색해 볼 수 있을 것이다. 이 책의 앞부분에서 설명한 WDEP 체계의 원리를 다시금 되살펴보고 이 사례에서 적용할 수 있는 다른 측면들이 있는지를 찾아서 기록해 보라.

또 하나의 주목할 만한 사례

대부분의 직장에서는 '건강을 잃으면 모든 것을 잃는다'는 생각으로 직원들의 복리후생에 힘쓴다. A회사 역시 해마다 직원 건강검진을 실시하는데, 의료진 외에 라이프스타일 코디네이터를 참여시켜 삶의 질을 향상시키기 위해 노력하고 있다. 라이프스타일 코디네이터는 통상 가정요리에서 정원관리, 실내장식, 옷차림에 이르기까지 가정살림의 모든 것을 조언해주는 직업이지만 이 회사는 건강의 영역에까지 도입하여 활용하고 있는 것이다.

다음의 사례는 건강이 좋지 않은 사람(조디)과 라이프스타일 코디네이터(코디)간의 대화이다. WDEP체계가 회사의 경영자, 관리자뿐만 아니라 다른 분야에서도 광범위하게 적용될 수 있음을 보여주기 위한 의도에서 제공된 사례임을 참고하기 바란다.

코디 : 좋은 아침이에요.

조디 : 안녕하세요.

코디 : 요즘 어떻게 지내세요?

조디 : 늘 그렇죠. 오늘은 얼마나 시간이 걸릴까요?

코디 : 무척 바쁘신가 봐요. 바쁘다면 시간적 여유가 있는 날로 스케줄을 바꿀 수도 있어요.

조디 : 알다시피 늘 바쁜 몸입니다. 이왕 왔으니까 얼른 시작하죠.

코디 : 당신의 검진기록을 보니 별로 좋아 보이지 않네요.

조디 : 이미 짐작한 바입니다. 그래, 어디가 나쁜가요?

코디 : 콜레스테롤 수치가 280이군요. 혈압은 180에서 95, 체중은 작년보다 10파운드 늘었습니다. 작년에도 그 전해보다 8파운드가 늘었었군요.

조디 : 그럴 줄 알았어요.

코디 : 왜요?

조디 : 요즘 산다는 게 아주 힘들어요. 아내는 아이들 뒷바라지에 온 정신을 쏟느라 내게 신경을 쓸 틈이 없답니다. 또 업무관계로 출장을 자주 가는데, 하루 종일 사람을 만나 입씨름하고 호텔방으로 돌아오면 녹초가 된답니다. 끼니도 제때 챙겨먹지 못해요. 할 일은 많고 시간은 없으니…. 정말 요즘에는 내가 왜 이렇게 사나 하는 생각이 들어요. 전혀 내 삶이 통제되지 않아요.

코디 : 아무래도 혈압을 낮추고 체중을 줄이도록 노력하는 게 좋겠어요. 물론 콜레스테롤 수치도 줄여야 하고….

조디 : 당신은 내가 얼마나 많은 스트레스를 받는지 짐작도 못할 겁니다. 출장을 갈 때마다 저녁을 몇 시에 먹는지 아세요. 밤 10시가 넘어요.

코디 : 어쨌든 당신은 지난 2년 동안 체중이 18파운드나 늘었어요. 다른 수치들도 높아졌고요. 제가 보기에 당신은 지금 자신의 건강을 위해 뭔가 해야 할 때입니다. 그렇지 않으면 아주 심각한 상황에 부닥치게 될지 몰라요.

조디 : 이왕 말이 나왔으니 한 마디 더 할게요. 요즘 회사가 어려워서 직원을 줄였어요. 나도 쫓겨나지 않으려면 열심히 할 수밖에 없어요. 그 사람들 몫까지 해야 해요. 그런데 당신은 나보고 또 뭐를 하라고 하니, 일거리를 또 하나 맡은 셈입니다.

코디 : 당신 자신을 위해 드리는 말이에요. 당신은 정말 휴식과 운동이 필요해요. 이러면 어떨까요. 음악 테이프를 구해서 출장 갔을 때 들으면서 기분전환을 한다든지, 근무시간 짬짬이 헬스클럽에 가서 운동을 한다든지…. 뭔가 하지 않으면 아무것도 나아지지 않습니다.

조디 : 알았어요. 식사법도 바꾸고, 헬스클럽에도 가고, 테이프도 들어보죠.

코디 : 당신의 결정을 상담기록에 적어놓을게요.

조디 : 지금 당신한테는 그게 중요하군요. 그렇죠?

코디 : 그래요. 상담 내용을 꼭 기록하도록 되어 있거든요. 앞으로 내가 도울 일이 있다면 연락을 주세요.

조디 : 그러죠. 그럼 이만 안녕히 계세요.

코디 : 안녕히 가세요. 계획한 프로그램을 잘 실천하세요.

사례에서 보듯이, 코디네이터가 조디와 행한 상담은 나쁜 편이 아니었다. 상대방에 대한 관심과 전문적 기술이 돋보이고 실질적인 정보도 제공되었다. 이것들은 모두 봉사정신을 전달하는데 매우 중요하다. 그러나 한 가지가 빠졌다. 상대방의 관심과 전문적 기술, 실질적인 정보를 계획하고 실천하는 구체적인 행동으로 연결시키는 기술이 없다. 즉, 상대방의 바람과 지금 하고 있는 행동을 본인 스스로 탐색한 다음, 구체적이고 실현가능한 계획을 세우는 일을 도와야 한다. WDEP체계는 바로 그 기술을 제공하는 것이다. 이 코디네이터가 WDEP체계를 사용한다면 다음과 같은 방식으로 진행될 것이다.

코디 : 좋은 아침이에요.
조디 : 안녕하세요.
코디 : 요즘 어떻게 지내세요?
조디 : 늘 그렇죠. 오늘은 얼마나 시간이 걸릴까요?
코디 : 무척 바쁘신가 봐요. 바쁘다면 시간적 여유가 있는 날로 스케줄을 바꿀 수도 있어요.
조디 : 알다시피 늘 바쁜 몸입니다. 이왕 왔으니까 얼른 시작하죠.
코디 : 그러죠. 아마 30분도 안 걸릴 겁니다. 몇 가지 중요한 정보를 살펴주면 되는 일이에요.
조디 : 알겠습니다. 한데, 아무래도 나쁜 소식인 것 같군요.
코디 : 그래요. 하지만 좋은 소식도 있어요. 먼저 요즘 하는 일에 대해 말해주시겠어요. 그리고 가족에 대해서도 말해주세

요. 일이나 가족관계 모두 건강과 직접 관련되어 있기 때문에 드리는 질문입니다.

조디 : 요즘 일하는 게 너무 힘듭니다. 업무관계로 출장을 자주 가는 편인데, 거의 제때 식사를 못해요. 하루 종일 이 사람 저 사람 만나서 입씨름하고 호텔로 돌아오면 온몸이 축 쳐져서 그냥 잠자기 바쁘답니다. 텔레비전 뉴스조차 제대로 보지 못해요. 긴장과 스트레스가 심하다 보니 담배만 많이 피게 됩니다. 집에 돌아오더라도 편하지 않아요. 아내는 아이들 뒷바라지 하느라고 남편한테 신경을 써줄 여유가 없나 봐요. 정말 내가 보기에도 한심한 생활이에요. 한마디로 엉망진창이고 전혀 통제가 안 돼요. 당신이 듣기에도 그런 것 같죠?

코디 : 저는 그렇게 생각하지 않아요. 제가 보기에 당신은 무척 헌신적인 타입의 사람 같아요. 회사를 위해 열심히 일하는 건 나쁜 게 아니죠. 또 아이들 뒷바라지에 열심인 아내에게 불평을 늘어놓지 않고 그냥 견딘다는 건 누구나 할 수 있는 일이 아니에요. 누구나 문제는 있어요. 하지만 잎이 몇 개 썩었다고 뿌리째 뽑아버리거나 줄기를 잘라낸다는 것은 어리석은 일이에요. 제가 보기에 당신 삶에서 몇 가지를 바꾼다면 건강이 훨씬 좋아질 것 같은데….

조디 : 지금도 엄청나게 바쁜데 뭔가를 더 할 수 있을 거라고 생

각되지 않는데요?

코디 : 아니, 저는 '더 한다'고 말하지 않았어요. '바꾼다'고 했죠. 그 문제는 나중에 다시 얘기하기로 하고, 우선 검진기록부터 살펴보죠.

조디 : 좋지 않은 소식을 들을 때가 됐군요. 들으나마나 나쁜 소식이겠죠. 물론 저도 짐작은 하고 있었지만….

코디 : 왜 나쁜 소식이라고만 단정 짓죠? 저는 검진기록이 반드시 나쁜 것으로만 생각하지는 않아요. 예를 들어 자동차 계기판이라고 생각해 보세요. 어딘가 차에 이상이 있을 때 운전자에게 미리 알려주는 게 얼마나 다행이에요.

조디 : 아, 그렇군요. 당신 말에도 일리가 있네요.

코디 : 검진 기록은 내 몸에 이상이 있는지 없는지를 알려주는 계기판과 같아요. 그래서 나쁜 소식이지만 좋은 소식이기도 해요. 미리 알고 대처할 수 있도록 한다면 좋은 소식이 아니겠어요?

조디 : 검진 결과를 볼 수 있을까요?

코디 : 여기 있어요. 직접 보시고 나서 말해 주세요.

조디 : 역시 생각했던 대로군요. 콜레스테롤은 280, 작년에는 260이었는데 많이 올라갔군요. 혈압은 전혀 낮아지지 않았고, 몸무게는 2년 전보다 18파운드나 늘었네요. 게다가 담배까지 많이 피우니까…. 그야말로 나는 걸어 다니는 시한폭탄

이군요.

코디 : 나쁜 소식이라기보다 좋은 소식이란 측면에서 생각해 보세요. 예방 차원에서 경고를 받았다고 말입니다.

조디 : 아, 그렇군요.

코디 : 당신의 몸이 당신에게 무슨 얘기를 한다고 생각되세요?

조디 : 당신은 아까 '바꾼다'고 말했지만 쉬울 것 같지는 않네요.

코디 : 몸이 당신한테 보내는 신호가 얼마나 절박한 것인지를 생각해 보셨나요? 당신의 몸은 이렇게 말하고 있어요. '조디, 그건 대단한 일이 아니야. 담배를 두 갑 대신 한 갑만 피워. 틈날 때마다 운동하고 출장 가서도 비행기를 탔다면 공항에 도착해서 뛰어 봐. 분명히 달라질 거야.'

조디 : 하지만 그게 말처럼 쉽나요.

코디 : 다시 한 번 묻겠어요. 당신은 몸이 보내온 메시지를 어떻게 생각하세요?

조디 : 물론 변하지 않으면 오래 건강하게 살기 힘들다는 경고로 생각합니다. 큰 변화가 필요하다고 말이죠.

코디 : 정말 당신은 상황 판단을 잘 하시는군요. 이번 건강 검진은 당신에게 아주 좋은 메시지를 준 셈이에요.

조디 : 무슨 그런 칭찬까지…. 확실히 뭔가를 할 필요가 있다는 생각은 듭니다.

코디 : 그럼 한 가지 물어볼게요. 내일부터라도 건강을 해치는 행

동을 하지 않기 위해 뭘 할 수 있나요?

조디 : 글쎄요. 당장은 달라지기 힘들 것 같네요.

코디 : 무슨 말씀이죠?

조디 : 바쁘게 돌아다니는 일말입니다.

코디 : 운동은 해볼 생각이 없나요?

조디 : 글쎄요.

코디 : 그렇게 애매모호하게 답변하면 당신이 원하는 것을 가질 수가 없어요. 콜레스테롤 수치를 낮추고 몸무게를 줄여 건강해지고 싶은 욕구를 충족하려면 그에 합당한 뭔가 행동을 해야 합니다. 건강해지고 싶다면서 건강을 위해 아무것도 안 하겠다고 하면 건강해질 수 있겠어요?

조디 : 미안합니다. 무슨 말씀인지 알겠습니다.

코디 : 당신의 확실한 대답이 중요해요.

조디 : 알겠습니다.

코디 : 다시 한 번 물을게요. 정말 하고 싶으신가요?

조디 : 네, 진짜 그렇게 하고 싶습니다.

코디 : 그 약속을 믿어도 될까요. 작심삼일인지, 확고한 결심인지가 궁금하네요.

조디 : 오래 살려면 확고하게 실천해야겠죠.

코디 : 그래요. 노력하는 것만큼 확실한 것은 없어요. 아무리 바쁘더라도 약속은 꼭 지켜야 해요.

조디 : 언제부터 시작합니까?

코디 : 제가 해야 할 질문을 먼저 하시네요. 어떤 것부터 시작하고 싶으세요?

조디 : 아무래도 운동이 낫겠네요. 운동을 하고 나면 기분이 좋아질 테니까요.

코디 : 그럼 사내 건강센터가 좋겠네요. 저도 거기서 해봤는데, 아주 재미있고 힘들지도 않았어요.

조디 : 일주일 안에 가서 운동을 시작하겠습니다.

코디 : 지금 당장 스케줄을 잡는 것은 어떨까요. 가급적이면 빠른 시간으로 말입니다.

조디 : 그것도 좋겠군요. (전화를 걸어 약속을 해놓는다) 그러고 보면 당신은 정말 뛰어난 사람이에요. 나 같은 사람을 당장 실천하게끔 만드니….

코디 : 저희 어머니가 늘 말씀하시곤 했죠. '지금'보다 더 좋은 시간은 없다고요. 그런데 금연 프로그램에 대해서는 어떻게 생각하세요? 혹시 참여해 본 적이 있나요?

조디 : 없습니다.

코디 : 금연 프로그램에 참여하면 건강에 방해가 된다고 생각하세요, 도움이 된다고 생각하세요?

조디 : 무슨 말씀인지 알겠습니다. 다시 한 번 전화를 쓰겠습니다. (금연 프로그램에 참여하겠다고 통보한다) 오늘은 내가 생각하기

에도 나 자신이 자랑스럽네요.

코디 : 당신은 이제 건강을 위한 첫걸음을 내딛었습니다. 다른 것도 있지만 오늘은 이걸로 충분합니다.

조디 : 체중에 대한 말씀인가요?

코디 : 여러 가지가 있지만 지금은 아니에요. 오늘 정도로 충분해요. 다음에 만날 때 좀더 구체적으로 이야기할 수 있을 거예요. 무엇보다도 당신이 자신의 상태를 파악했다는 게 중요해요. 그래서 드리는 말인데, 앞으로는 식사할 때 이렇게 자기 자신에게 물어보세요. '이렇게 먹는 선택이 내게 도움이 될까 해로울까' 라고 말입니다.

조디 : 잘 알겠습니다. 꼭 그렇게 물어보죠.

코디 : 2주일 뒤에 다시 만나서 얘기를 나눌 수 있을까요. 그때는 당신의 스트레스에 관해 얘기하고 싶어요. 스트레스를 줄여 줄 방법들을 알고 있거든요.

조디 : 그러죠. 나도 스트레스를 줄이고 싶답니다.

코디 : 다시 한 번 확인할게요. 오늘 당신은 두 가지의 계획을 세웠는데, 꼭 실천하시겠습니까?

조디 : 네.

코디 : 그럼 2주일 뒤에 만나기로 하죠. 오늘과 같은 시간은 어떨까요?

조디 : 좋습니다. 그때 다시 뵙죠.

사례에서 보듯이, 라이프스타일 코디네이터는 WDEP체계를 사용하여 상대방으로 하여금 건강에 해로운 행동을 하고 있음을 스스로 탐색하도록 도와주었고, 그것을 바꾸겠다는 약속까지 이끌어냈다. 코디네이터가 제시한 계획은 삶의 모든 부분을 뜯어고치라는 어마어마한 전략이 아니었다. 단순하고 실제적이다. 흔히 계획을 세울 때, 이상적이고 장밋빛 같은 계획, 남이 보기에 멋지고 근사한 계획을 세우고 싶은 유혹을 받는다. 하지만 이런 계획은 성공하기 힘들다.

계획은 어디까지나 구체적이고 현실적으로 실현가능하고 단순해야 한다. 또 계획은 행동을 중지시키기보다 행동을 하도록 하는 긍정적인 계획이어야 한다. 잘못된 계획을 세워 실패를 거듭하다 보면 오히려 죄의식과 스트레스가 증가하는 악순환에 빠질 우려가 있다.

다음의 연습 문제에서 라이프스타일 코디네이터가 상담 중에 어떻게 다양한 목표를 달성했는지 기록해 보라. 독자들의 편의를 위해 두 번째 질문까지는 답을 적었다.

① 상담 환경에 완전히 집중하도록 만들었다.

조디는 30분 동안 솔직해지도록 요청 받았고 그렇게 했다.

② 건강 검진 결과를 보여주었다.

조디가 직접 살펴보게 했고, 그가 본 것을 질문하여 확인했다.

③ '나쁜 소식'에 스트레스를 덜 받도록 도와주었다.

④ 데이터의 중요성을 강조하고자 구체적 이미지를 사용했다.

⑤ 상대방 자신의 바람이 무엇인지 질문했다.

⑥ 자신의 특정한 행동들을 평가하도록 했다.

⑦ 삶의 방향에 대해 질문했다.

⑧ 실제적인 계획을 세우도록 도와주었다.

⑨ 즉각적으로 실행할 계획을 세우도록 도와주었다.

⑩ 다음 단계를 준비했다.

____

____

이 사례 역시 다른 사례와 마찬가지로 다른 방향으로 진행될 수도 있다. 예컨대, 체중 문제나 상습적인 스트레스에 대해 더 많이 논의할 수 있을 것이다. 아래에 몇 가지 질문을 제시했는데, 이 질문은 토론에 사용될 수도 있고 당신 자신에 대해 개인적으로 생각해 보는 계기도 될 수 있을 것이다.

1. 코디네이터는 왜 운동과 흡연에 관한 계획을 강조했을까?
2. 코디네이터는 왜 체중 문제는 강조하지 않았을까?
3. 당신은 예시보다 더 철저한 상담이 필요하다고 느끼는가? 필요하다면 왜 그렇게 생각하는지 그 이유를 함께 적어 보라.
4. 2주일 후, 당신은 무엇을 질문할 것인가?

조직의 질적 개선을 위한 노력

회사의 최고경영자가 바뀌었다. 새로 부임한 최고경영자는 종래 해오던 방식에 많은 변화를 추구하고자 했다. 우선 그는 제품의 질을 높이는 것을 경영의 첫 번째 목표로 삼았다. 매출이나 순이익 규모를 중시해오던 중역들로서는 놀라움을 금치 못했다. 그는 중역회의를 소집하여 자신의 경영철학을 피력했다. 그 자리에서는 부서간 협력방안 모색, 동기부여 강화, 팀워크 활성화 등 회사 발전을 위한 아이디어가 모색되어야 한다는 결론이 내려졌다. 일주일 뒤, 그는 부사장 가운데 경력이 가장 오래 된 사람과 면담을 가졌다.

경영자 : 지난번 회의에서 제기된 질적 향상 문제와 관련하여 당신과 얘기하고 싶어서 만나자고 했습니다.

부사장 : 저 역시 그렇습니다.

경영자 : 잘 되었네요. 모임 이후로 더 생각난 게 있습니까?

부사장 : 우선 그날 회의는 정말 생산적이었다고 생각합니다. 참으로 옳은 방향을 지적해주셨어요. 물론 하루아침에 될 수 있는 일은 아니지만 뭔가 달라져야 한다는 점만은 분명하게 한 것 같습니다. 특히 팀워크를 강화해야 한다는 말씀은 무척 인상적이었습니다.

경영자 : 내 뜻을 이해해 주시니 감사합니다. 말씀하신 대로 팀워크를 지금보다 훨씬 더 강화시킨다면 직원들의 업무 만

족도는 물론 그들의 직업 안정에 관한 불안감도 많이 줄어들 겁니다. 당신이 보기에 간부들은 어떻습니까?

부사장 : 그들은 불안해합니다. 최고경영자가 사내 출신이 아니라 외부 사람이기 때문인 것 같습니다. 어떤 친구는 이런 말을 하더군요. "새 술은 새 부대에, 새 빗자루가 더 잘 쓸린다"고 말입니다. 제가 보기에 대부분 회사를 그만둬야 하지 않을까 생각하는 것 같습니다.

경영자 : 그렇게 생각한다면 질적 향상에 도움이 안 되겠죠?

부사장 : 당연하죠. 아마 파괴적일 겁니다.

경영자 : 그래서 회의가 끝난 뒤, 그들을 따로 불러서 안심시켜 드렸습니다. 당분간 인사이동은 없을 테니 열심히 일해 달라고 말입니다. 그들 역시 성과가 실제로 나타나면 내 뜻을 이해할 겁니다.

부사장 : 물론 그렇겠죠. 하지만 지금 단계에서는 흔들리고 있는 게 사실입니다.

경영자 : 당신은 회의에서 팀워크를 강조했는데, 아주 적절한 지적이었다고 생각됩니다. 직원들이 서로에게, 그리고 자기 일을 좋게 느낀다면 문제가 해결될 것입니다.

부사장 : 옳은 말씀입니다. 회의에서 많은 사람들이 동의한 것도 그것 때문이 아닌가 싶습니다.

경영자 : 정말 그 메시지는 설득력이 있었고 명확했습니다. 그렇

다면 직원들이 팀의 멤버라는 인식을 갖도록 하는데 도움이 될 만한 것은 없을까요?

부사장 : 제가 보기엔, 직원 개개인이 회사 조직에 기여하고 있다는 느낌, 최선의 노력은 충분히 가치가 있나는 확신을 갖게 할 필요가 있다고 봅니다. 그래서 우리가 직원들을 위해 역할평가를 해야 하지 않을까 생각하는데요.

경영자 : 역할평가를 한다면 어떤 도움이 될까요?

부사장 : 누군가가 자기 일에 관심을 갖고 있다는 것을 직원들이 알지 않겠어요. 다시 말하면 회사에서 그들의 자질을 향상시키려고 노력하고 있다는 점 말입니다.

경영자 : 그럼 직원들은 평가 모임에 참가할 때 무엇에 관해 생각할까요?

부사장 : 아마 "내가 어떻게 했지?"라고 생각할 겁니다.

경영자 : 내 생각도 그렇습니다. 하지만 그 질문에서 뭔가 달리 느껴지는 것이 없습니까?

부사장 : 아, 무슨 말씀인지 알겠습니다. 팀워크를 강화한다면서 '나'를 강조하는 게 도움이 되겠느냐 하는 말씀이군요.

경영자 : 그렇습니다. 직원 각자가 자기 목표에 도달한다고 해도 회사의 입장에서 보면 목표에 도달하지 않을 수도 있습니다.

부사장 : 그렇겠군요. 그러고 보니, 그들은 과거의 실적보다 약간

만 잘해도 좋게 보일 수 있기 때문에 목표를 높게 책정하지 않을 수도 있겠네요.

경영자 : 나로서는 전반적인 체계를 개선시킬 필요가 있지 않을까 생각됩니다만….

부사장 : 글쎄요. 무엇을 할 수 있을까요?

경영자 : 누가 할 것인가가 중요하지 않을까요?

부사장 : 말씀하신 취지를 알겠습니다. 팀 전체의 노력이 요구된다는 말씀이군요. 먼저 간부진들부터….

경영자 : 중역들에게 팀 접근방식은 어떤 효과가 있을까요?

부사장 : 다른 사람들한테 본보기가 되겠죠. 분명히 직원들도 그것을 진지하게 받아들일 겁니다.

경영자 : 그렇습니다. 자기는 하지 않으면서 남에게 하라고 요구할 수는 없지 않겠습니까?

부사장 : 그래서 부임하자마자 회의를 연 것이군요.

경영자 : 맞습니다.

부사장 : 그럼 각 부서마다 똑같은 방식으로 회의를 갖도록 해야겠네요.

경영자 : 나도 그 점을 심각하게 고려하고 있습니다. 언제 하는 것이 좋은지를 말입니다. 그런데 아무래도 그 전에 우리가 할 일이 있지 않을까요.

부사장 : 아, 그렇겠군요. 우선 중역진부터 시작하는 게 좋겠네요.

우리 스스로 그 과정을 실행해 보는 거죠.

경영자 : 내 뜻을 이해해 주시니 고맙소. 자, 그럼 무엇에 관해 얘기하는 게 좋을까요?

부사장 : 전반적인 질을 개선시키겠다고 했으니까, 고객들의 욕구에 관한 문제부터 토론하는 게 어떨까요.

경영자 : 고객들의 욕구라…. 그것에 대해 중역들의 생각들이 똑같지는 않겠죠?

부사장 : 그럴 겁니다. 하지만 한번 시도해 볼 일은 아닐까요?

경영자 : 이런 문제도 생각해 봐야 합니다. 중역들은 고객의 욕구에 대해 똑같은 생각을 할 수도 있지만 다른 견해도 있을 수 있다고 말입니다.

부사장 : 그렇겠군요. 먼저 직원들부터 정보를 얻을 필요가 있겠네요.

경영자 : 그럼 고객의 욕구를 명확히 한 다음에는 무엇에 관한 토론해야 할까요?

부사장 : 경영을 개선시킬 방법을 찾아야 한다고 봅니다.

경영자 : 동감입니다. 경영을 개선하면 보다 효율적인 팀워크를 갖게 될 것입니다.

부사장 : 팀워크는 고객의 요구를 충족시키기 위해 개선되는 과정에서 생겨난 부산물이니까 그 말씀은 옳다고 봅니다.

경영자 : 최고경영자가 바뀌었다고 해서 중역들이 갖는 두려움과

걱정은 어떨까요. 또 주주들은 단기적인 성과에만 집착하는 경향이 있는데….

부사장 : 제가 보기에 걱정하지 않아도 될 것입니다. 그들도 팀워크가 강화되어 실적이 좋아지는 것을 원하고 있을 테니까요. 하지만 주주들을 만족시키기 위해 압력을 행사한다면 문제는 달라지겠죠.

경영자 : 모든 사람들을 하루아침에 만족시킬 수 없다는 점은 잘 알고 있습니다. 주주들을 납득시키려면 시간이 걸리겠죠. 우리는 이제 겨우 첫걸음을 내디딘 셈입니다.

부사장 : 중역들과의 회의에서도 다른 점이 제기될 것입니다.

경영자 : 그래서 부탁드리는데, 그들에게 다른 점이 무엇인지를 물어보세요. 어떻게 느끼는지도 알아보고. 단, 당신의 의견은 밝히지 않았으면 합니다.

부사장 : 좋은 생각입니다. 개개인에 대한 것보다 과정 전체에 대해 이야기할 필요가 있으니까 그렇게 하겠습니다.

경영자 : 이번에는 역할평가에 대해 이야기해보죠. 지난번 회의와 관련해서 무슨 일이 있었습니까?

부사장 : 무슨 일이라니….

경영자 : 그들에게 토론이 얼마나 적합했는지 묻는 것입니다.

부사장 : 아, 그 말씀이군요. 그 회의에서 사장님이 언급하신 모든 요소와 과정을 강조한다면 역할평가는 필요 없다는 쪽

으로 결론이 났습니다.

경영자 : 결국 필요가 없게 되겠지요. 하지만 나는 모든 사람이 그 프로그램과 목표를 완전히 인지하도록 돕고 싶어요.

부사장 : 동감입니다. 저 역시 그들이 역할평가 중단을 고려한다면 요점을 놓친다고 봅니다. 역할평가란 실제로 더 나은 과정에서 고객의 욕구를 충족시키기 위해, 우리의 능력을 향상시키는 노력이 아닙니까. 작은 부분은 역할평가를, 과정을 통한 사고방식으로 바꾸는 것이 아닙니까.

경영자 : 그럼 당신은 어떻게 생각하세요. 이 시점에서 역할평가를 제기하는 것이 도움이 된다고 생각하시나요?

부사장 : 처음에는 기본적으로 좋은 발상이라고 생각했었지만, 곰곰이 생각해보니 전체적인 과정에서는 중요하지 않다는 생각이 드네요.

경영자 : 다음으로 중요한 문제는 무엇일까요?

부사장 : 아까 말씀드린 대로 먼저 중역들이 모여서 고객의 욕구가 무엇인지, 고객들과 만나기 위해 우리의 능력을 어떻게 개선할 것인지에 대해 토론할 필요가 있다고 생각합니다. 그 다음에는 부서별, 분임별로 토론하고….

경영자 : 부서간에 장벽이 있다는 것으로 들었는데, 그 문제는 어떻게 생각하나요?

부사장 : 세력 다툼을 없애는 일은 쉽지 않을 것 같습니다. 하지

만 그들도 팀워크를 강화시킬 필요는 있다고 봅니다.

경영자 : '주의' 정도를 줄 수 있지 않을까요? 그러려면 어떻게 하는 게 좋다고 보나요?

부사장 : 아무래도 지금보다 더 많은 대화가 필요하겠죠.

경영자 : 동감입니다. 그럼 지금까지 우리가 이야기한 체계가 순조롭게 진행될 수 있도록 전반적인 계획을 작성해 줄 수 있나요?

부사장 : 그렇게 하죠. 언제까지 할까요?

경영자 : 내일 정오까지는 어때요?

부사장 : 내일이요? 좀 촉박한 것 같은데요.

경영자 : 너무 거창하게 생각하지 마세요. 그냥 A4 용지 한 장 정도로 전체적인 윤곽만 잡으면 됩니다.

부사장 : 회의 안건에 대한 구체적인 내용은 놔두고 일반적인 목록으로 작성하면 되겠네요.

경영자 : 그렇습니다. 구체적인 내용은 회의 결과에 따라 달라질 수 있으니까요.

부사장 : 결국 우리가 그들에게 일종의 강요를 하는 셈이네요.

경영자 : 강요라…. 그런 생각을 가질 수도 있겠군요. 하지만 나는 그들이 모든 정보를 종합한 뒤에 얻게 될 높은 질적 수준을 갖기를 희망합니다. 강요라고 생각하면 강요일 수도 있겠죠. 그러나 이런 생각은 즉흥적인 발상이 아니

라는 점만은 분명하게 밝히고 싶습니다. 그 동안 관련된 모든 통계와 자료를 살펴봤는데, 우리에게 가장 중요한 것은 질적 생산이라는 점을 절실히 느꼈습니다. 이렇게 당신에게 부탁하는 것도 그것을 위해 가능한 한 많은 사람들로부터 정보를 원하기 때문입니다.

부사장 : 알겠습니다. 내일 아침까지 계획서를 작성해서 책상 위에 올려놓겠습니다.

이 사례는 WDEP체계가 경영자나 관리자간에도 적용될 수 있다는 점을 보여주기 위해 제시된 것이다. 당신도 알다시피, 이 사례에서 최고경영자는 매우 초보적인 방식으로 '질 경영'을 강조한 데밍의 개념 중 몇 개를 통합하기 위해 WDEP체계를 사용하고 있다. 그가 언급한 문제는 다음과 같다.

1. 직원들의 바람을 명확히 하고, 정보를 제공하고, 고객의 욕구를 충족시키기 위해 회사가 어떤 노력을 기울일 것인가 하는 방법을 상대방과 함께 찾으려고 애썼다.

2. 상대방은 자신과 직원들의 인식을 평가하도록 요청했다. 비평적이지 않으면서 품위 있게 이루어졌다는 점에 주목하라.

3. 상대방에게 실행을 위한 최소한의 조치를 취하도록 격려했다. 다음날 아침까지 간략한 계획을 작성, 제출하도록 격려했다.

다른 사례처럼, 최고경영자는 다른 방식으로 WDEP체계를 사용할 수 있다. 아래에 열거된 사항을 참고하면서 이 최고경영자가 추구할 수 있는 또 다른 방침을 생각해 보고 기록해 보라.

① 단기적 성과를 강조하는 주주들을 설득하기
② 회의 계획과 관련해서 보다 정확하게 작성하기
③ 정보 입수, 진행체계, 결과 등 세부적인 개념을 토론하기
④ ______________________________
____
⑤ ______________________________
____
⑥ ______________________________
____
⑦ ______________________________
____

맺는 말

이제 당신은 WDEP체계에 대해 어느 정도 방향을 잡았을 것이다. 비록 전문가적인 안목은 갖지 못했을지라도 일반적으로 이 원리를 어떻게 사용할지 그 방법은 이해했을 것이다. 잠시 다음의 견해에 대해 생각해 보라.

첫째, 당신이 경영자나 관리자라면 직장에서 또 자기 자신에게 WDEP체계를 사용함으로써 삶을 변화시킬 수 있다. 여기에는 강한 결단과 노력이 요구된다. 직원들뿐만 아니라 당신 자신의 바람과 행동에도 적용할 수 있다.

둘째, 자녀들에게도 이 체계를 사용함으로써 도움을 줄 수 있다. 당신이 이 책에 서술된 방식으로 자녀를 대하면, 그들 역시 직원이 선택하는 행동과 같은 여러 행동들을 선택한다. 이 WDEP 체계는 하나의 훌륭한 부모역할훈련 방법이다.

셋째, 이제 당신은 다른 사람과의 의사소통에 사용할 수 있는 하나의 체계를 갖게 되었다. 남을 비난하거나 변명을 늘어놓는 궁지에 빠질 우려도 없다.

마지막으로 필자는 당신에게 다음과 같은 전략으로 실천할 것을 제안한다.

① 즉시 시작한다. 일분도 낭비하지 않는다. 그리고 오늘 당장 시작한다.

② 처음에는 다소 대하기 쉬운 상대방에게 사용한다. 그런 다음에 자신감이 생기거든 평소 대하기 거북한 상대를 찾아 적용해

보라. 까다롭게 행동하는 직원들과 즐겁게 일할 수 있다는 확신을 갖게 될 것이다.

③ 집에서 자녀들에게 사용할 계획을 세우라. 그들이 원하는 것이 무엇인지를 확인하도록 가르쳐라. 현재 하고 있는 행동을 평가하도록 요청하고, 자신이 원하는 것을 얻기 위해 행동을 바꾸는 계획을 세우도록 도와주라. 자녀들이 자신의 행동을 평가하는 것을 배우면 부모 노릇하기가 얼마나 쉬운지 당신은 놀라게 될 것이다.

④ WDEP체계를 이해하는 것은 실천하기보다 쉽다. 이 책에 제시된 사례들은 다만 이해하기 쉽도록 단순화시킨 사례에 불과하다. 따라서 당신은 이것을 이용하여 개인적인 의사소통 형식에 맞게 적용시키는 노력을 기울여야 한다.

⑤ 당신은 항상 향상될 수 있다는 사실을 깨달아라. 만일 당신이 WDEP체계를 계속 사용하면 6개월 후에는 지금의 당신보다 훨씬 향상된 기량을 갖고 있음을 알게 될 것이다. 그러므로 지금 당장 시작하도록 하라.

⑥ 인간의 모든 행동은 선택이라는 점을 잊지 마라. 경우에 따라서는 파괴적인 행동을 선택하거나 본인을 도와주려는 당신의 노력을 회피하거나 등한시하는 사람들이 있을 수 있다. 당신이 이 체계를 사용하더라도 그들을 변화시킬 수 없다는 점을 잊지 마라. 당신의 몫은 그들이 변화된 행동을 선택하도록 돕는 것뿐이다.

⑦ 이 원리가 당신 자신의 삶에 가장 유익하게 적용된다는 사실을 잊지 마라. 만일 당신이 자신의 바람을 명확하게 확인하고, 현재 하고 있는 행동을 평가하고, 그 행동이 당신의 바람에 도움이 되는지 또는 방해가 되는지, 바람에 대한 성취도를 평가하고, 향상을 위한 계획을 세우면 당신은 그 동안 전혀 모르고 있었던 기회를 맞게 될 것이다.

다음의 빈칸에 반년 동안의 바람과 목표들을 적고, 그 다음에는 일 년 간의 바람과 목표들을 적어 보라. 그리고 그것을 성취하는 데에 당신의 행동이 얼마나 도움이 되는지를 날마다 되돌아보고 검토하라. 그리고 나서 당신의 꿈을 실현하기 위해 매일 매일의 계획을 세우라.

고마운 분들에게

의학박사 윌리엄 글라써는 이 책에 담긴 WDEP체계를 창안한 사람이다. 그는 '현실요법'이라 불리는 상담기법을 발전시켰다. 현실요법은 누구든지 자신의 삶에 대해 스스로 책임을 지도록 도와주는 실용적이고도 실제적인 방법이다.

글라써 박사는 내게 좋은 교사이자 친구가 되어주었으며 절친한 벗이자 격려자였다. 그와 그의 부인 카알린에게 깊은 감사를 드린다.

오늘날 인간관계 영역에서 그가 이룩한 업적은 전 지구촌으로 확산되었다. 직장에 근무하는 사람으로서 짊어져야 할 짐을 가볍게 해준다면 그 이상 고마운 일은 없을 것이다.

로버트 우볼딩

참고문헌

Curwin, Richard and Mendler, Allen, *Discipline with Dignity*, Alexandria, Virginia : Association for Supervision and Curriculum Development, 1988.

Deming, W. Edwards, *The New Economics*, 2nd Ed, Cambridge, Massachusetts : Massachusetts Institute of Technology, 1993.

Glasser, William, *Both-Win Management*, Los Angeles : Institute for Control Theory, Reality Therapy, and Quality Management, 1980.

Glasser, William, *Control Theory*, New York : HarperCollins, 1986.

Glasser, William, *Control Theory Manager*, New York : HarperCollins, 1994.

Wubbolding, Robert, *A Set of Directions for Putting(and Keeping) Yourself Together*, Cincinnati : Center for Reality Therapy, 1991.

Wubbolding, Robert, *Understanding Reality Therapy*, New York : Harper Collins, 1991.

Wubbolding, Robert, *Using Reality Therapy*, New York : HarperCollins, 1988.

Ziglar, Zig, *Over the Top*, Nashville, Tennessee : Thomas Nelson, Inc., 1995.

• 한국어판 출판에 즈음하여

한국문화에 맞게 적용하기를 바라며

먼저 이 책을 번역하신 신난자 선생님에게 특별히 감사의 마음을 전하고 싶다. WDEP체계에 의해 표현된 아이디어들에 대한 그녀의 헌신적인 참여에 감사한다. 나는 이 체계가 한국의 많은 직장인들의 삶의 질을 향상시키는데 보탬이 되기를 바란다.

이 책은 직장에서 즉각적으로 실용화되어 사용될 수 있도록 고안되었다. WDEP체계는 직원들에게 동기를 부여하기 위한 완전한 체계이다. 이 책에는 경영자나 관리자들이 부딪치는 다양한 상황에 대해 어떻게 적용하고 있는지를 보여주고 있으므로 먼저 속독을 통해 전체 개요를 파악하는 것이 효과적이다. 그리고 몇 개의 상황들을 다시 보면서 그 대화를 WDEP체계와 연결하도록 노력하기 바란다. 그런 다음, 이 책의 앞부분에 나와 있는 이론을 다시 한 번 읽어보는 것이 좋다고 생각한다.

어떤 사람은 본문에 나와 있는 사례와 다른 상황이 발생했을 때, 이 체계를 어떻게 적용해야 할 것인지를 걱정할지 모른다. WDEP 체계를 완전하게 충족시킬 절대적인 방법은 없다. 대부분은 이 체계를 사용하는 개개인의 독창성과 창조력에 달려 있다.

WDEP체계는 근로자들이 상사 혹은 조직과의 관계에서 친밀함을 느낄 때 최고의 성과가 나타난다는 원리에 토대를 두고 있다. 그들이 스스로 회사나 조직과 관련되어 있다고 믿을 때, 자기가 하는 일에 대해 진지하고 영구적인 의욕을 갖게 된다.

이 체계에서 근로자들은 스스로의 행동을 평가하도록 요구받는다.

물론 때로는 상사가 아주 직접적인 방식으로 도움을 주기도 한다. 그러나 그들이 성취하고 싶은 것이 무엇인지, 성취하기 위해 무엇을 하고 있는지, 그리고 그들이 스스로의 내적 욕구를 충족하는 것과 조직이나 단체의 목표를 위해 효과적으로 기여하고 있는지를 평가하는 것은 결국 본인 자신의 몫이다. 스스로가 자문하고 결정해야 한다.

한국에서 많은 경영자, 관리자들이 이 책에 수록된 원리를 유용하게 이용하고 한국문화에 맞게 사용했으면 하는 것이 나의 바람이다. 이 원리는 본래 미국에서 유래한 것이지만 지금은 세계적으로 진행되고 있고 한국에서도 널리 알려져 있는 것으로 알고 있다. 한국에서 WDEP체계를 가르치며 실행하는 많은 분들에게 감사의 말씀을 전한다. 나와 아내 산드라는 '고요한 아침의 나라'의 사람들이 지적이고 근면하고 우호적이고 정이 많고 친절하다고 항상 느껴왔다.

로버트 우볼딩

• 추천의 말

일하는 이들의 동기화를 위하여

우리의 새로운 시대와 변화하는 사회는 새로운 질서와 또 다른 사고방식과 행동양식으로 인간관계를 맺어야 한다고 우리에게 요구한다. 우리 주변에서는 지도자나 관리자가 어디에서나 민주적이고 자유와 평등을 보장해 주겠다고 약속을 하지만 관리를 당하는 자는 늘 흡족하지 못해하는 현상을 쉽게 볼 수 있다. 무엇 때문에 이런 상황은 생기는 것인지, 영원히 이 숙제는 풀 수 없는 것인지, 우리는 오랜 세월을 두고 우리의 운명으로 여겨오면서 주변의 조건을 탓하며 왔다.

현실요법의 창시자인 윌리엄 글라써의 이론을 가장 정확하게 이해하고 효과적으로 전달하는 로버트 우볼딩은 바로 이런 문제를 명쾌하게 해결하도록 방법을 제시하고 있다. 선택이론에서는 유능한 경영인은 생산품의 품질을 관리함에 있어, 생산품을 만들어내는 근로자와의 바람직한 인간관계를 만들기에 초점을 맞추어야 한다고 설명하고 있다.

신난자 선생은 조직 및 산업심리를 배우고 가르치는데 있어서나 한국심리상담연구소의 P.E.T. 강사로서 부모자녀 관계는 물론, 모든 인간관계에 도움이 되는 의사소통기술을 보급함에 있어 앞장서 왔다. 그 정성 또한 지극했기에 이 책을 번역하게 된 것이 당연한 귀결이라 생각되어 모든 독자나 동료들에게 힘이 되리라 믿는다.

한국심리상담연구소장 김인자

선택이론으로 본 성공 리더십
동기부여를 위한 효과적인 의사소통 기술

제1쇄 인쇄 2003년 6월 1일
제1쇄 발행 2003년 6월20일

지은이 • 로버트 우볼딩
옮긴이 • 신난자
펴낸이 • 김성호

펴낸곳 • 도서출판 사람과 사람
주소 • 서울시 마포구 연남동 228-20(3층)
전화 • (02)335-3905~6
팩스 • (02)335-3919
등록 • 1991년 5월 29일 제1-1224호
E-mail • p91529@chollian.net

값 8,000원

ISBN 89-85541-74-9 04180
ISBN 89-85541-37-4 04180(세트)